AF494700

LA FOY

DES

DERNIERS

SIÉCLES.

A PARIS,

Chez Sᴇʙᴀsᴛɪᴇɴ Mᴀʙʀᴇ-Cʀᴀᴍᴏɪsʏ,
Imprimeur du Roy, ruë S. Jacques,
aux Cicognes.

M. DC. LXXIX.

Avec Approbation & Privilege.

A MONSEIGNEUR

LE CHANCELIER.

Monseigneur,

Quoy-que je ne sois pas obligé de rendre compte au public
des raisons que j'ay de vous

ã ij

faire ce present : il y a toutefois tant de gloire à mériter
quelque part en voſtre eſtime
& en voſtre bienveillance, que
je ne ſuis ni aſſez modeſte, ni
aſſez injuſte, pour ne pas vous
en témoigner publiquement ma
reconnoiſſance. Mais auſſi pour
ne pas gaſter par un compli-
ment profane ce qu'il y a de
ſaint dans le Livre que je vous
offre : je ne vous diray point,
MONSEIGNEUR, ce que
le monde vous dit, que le Ciel
devoit à un Prince auſſi grand
que le noſtre un Miniſtre auſſi

EPITRE.

ſage & auſſi éclairé que vous,
afin qu'il n'y euſt rien à deſirer à la gloire de ſon Regne,
ni à ſa bonne fortune ; qu'a-
prés que ſes Capitaines & ſes
Généraux d'armées ont contri-
bué à rendre ſon Nom terrible
à ſes Ennemis pendant la guerre, vous allez rendre ſa perſonne aimable à ſes Sujets, en
faiſant garder ſes Ordonnances pendant la Paix ; que vous
avez déja fait changer de face au Conſeil, par la grandeur
avec laquelle vous y préſidez ;
que ce Tribunal va devenir

l'Ecole publique de la Vertu, par l'impreſſion qu'il commence à recevoir de vos lumiéres ; que voſtre integrité ſert déja de leçon à noſtre ſiécle, de la maniére dont il faut rendre la Juſtice ; que ce qu'il y a de gens bien intentionnez dans le Royaume chercheront à s'inſtruire ⁊ à ſe former ſur vos exemples, pour eſtre équitables.

Voilà ce que le monde vous dira, MONSEIGNEUR, ⁊ les complimens que les enfans du ſiécle vous feront dans

EPITRE.

les maximes d'une prudence
mondaine. Pour moy qui n'en-
tends point ce langage, & qui
ne dois vous parler qu'en Chreftien, & dans les maximes de
la Morale que je vous prefente : je vous diray que Dieu,
qui a commencé à benir voftre
vertu, par tout ce qu'il y a de
grand dans la faveur, en vous
rendant digne des bonnes graces d'un Prince, qui donne la
Loy à toute l'Europe, verfera
de nouvelles faveurs fur vous,
fi vous continuez à regler les
fonctions de voftre miniftére,

EPITRE.

sur la regle de la Foy dont vous faites profession, & dont le Livre que je vous offre vous representera tous les devoirs. Car ne semble-t-il pas que malgré la corruption du siécle & le déréglement presque universel de nos mœurs, qui nous mene insensiblement à l'incrédulité, comme je tasche de faire voir en cét Ouvrage : ne semble-t-il pas, dis-je, que ce zele extraordinaire que Dieu vous donne pour la justice, est une marque qu'il veut encore nous faire misericorde, puis que c'est

EPITRE.

principalement par l'observa-
tion des loix qu'on maintient
la Foy?

Ainſi, MONSEIGNEUR,
pendant que vous continuërez
à faire fleurir l'Eſtat par le
ſoin que vous prenez de faire
garder la Juſtice : pendant que
vous n'employerez l'autorité
que Dieu vous a donnée, que
pour ſouſtenir la ſienne : pendant que l'heritage de JESUS-
CHRIST vous ſera plus cher
que le voſtre, & que vous fe-
rez ſervir à la gloire de la Re-
legion toute celle de l'Eſtat :

nous n'avons rien à craindre du costé de Dieu. Car tout irrité qu'il paroist, en nous abandonnant à nous-mesmes & aux égaremens de nostre conduite, vous appaiserez sa colere, & vous arresterez le bras de sa Justice déja élevé & étendu sur nous, pour nous punir de nos desordres, par la suspension de ses graces.

C'est à quoy, MONSEIGNEUR, vous devez employer ce qui vous reste de vie, que Dieu va prolonger pour le besoin de nos affaires, qui ne

ſeront deſormais qu'avec Dieu:
puis que celles que nous avons
avec les hommes ſont finies.
Ainſi, aprés vous avoir com-
blé de toutes les benedictions de
la terre, il achevera de vous
combler de celles du Ciel, qui
ſont les ſeules qui vous reſtent
à deſirer, & que vous ſouhai-
te, par toute l'ardeur de ſes
vœux & de ſes priéres,

MONSEIGNEUR,

Voſtre tres-humble & tres-obéïſſant
ſerviteur R. RAPIN, de la
Compagnie de JESUS.

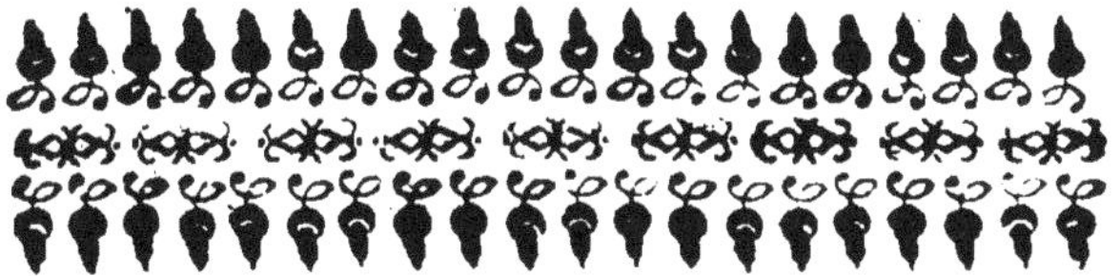

AVERTISSEMENT.

ENCORE que la Foy des
derniers Siécles foit la
mefme que la Foy des pre-
miers , ayant toutes deux
un mefme motif & un mef-
me objet : la pratique toutefois en eft fi differente
par la difference des mœurs
des premiers Fideles & des
derniers, qu'on peut en faire une comparaifon d'oppo-
fition, pour nous appren-
dre comment il faut croi-
re, par la maniére dont ils
ont crû, & ainfi confondre
noftre moleffe par leur ferveur. Mais ce n'eft pas pré-
cifément ce que j'entreprens
en cét Ouvrage que cette

comparaiſon. Mon deſſein
eſt de faire voir que l'affoi-
bliſſement de la Foy de ces
derniers Siécles eſt une maniére de diſpoſition à ſa ruine, ſi Dieu n'y met la main.

Et quoy-que ce ne ſoit pas
à moy à entrer dans les jugemens de Dieu, en exami-
nant les ſecrets de ſa juſtice;
ni qu'il ne m'appartienne pas
de mettre des bornes à ſa miſericorde, comme le reproche Judith au peuple de Be-
thulie, quand elle fut aſſie-
gée par les Aſſyriens: je ne
laiſſe pas de croire que le re-
méde le plus efficace au re-
laſchement univerſel qui s'eſt
gliſſé dans les mœurs des
Chreſtiens de ces derniers
temps, eſt de leur repreſenter la cheûte de tant de peuples, parmi leſquels la Foy

s'eſt enfin perduë, aprés s'eſtre ſi fort affoiblie, pour prévenir les redoutables momens de la colere de Dieu, par une vie plus pure, & par une conduite plus reglée. Et je ne fais en cela à l'égard des derniers Fideles, que ce que fit autrefois Tertullien à l'égard des premiers, quand il leur diſoit que *l'eſtat pitoyable de la Religion de ſon temps l'obligeoit à avertir ſon Siécle du danger qui le menaçoit.*

Et quand cét Ouvrage ne ſerviroit qu'à animer ceux qui ne ſont pas Fideles à le devenir, & ceux qui le ſont à l'eſtre encore plus : quand il ne ſeroit bon qu'à accouſtumer nos eſprits, par ces importantes matiéres, à ſouffrir la nourriture ſolide des grandes veritez de noſtre Foy, &

Conditio præſentium temporum hanc admonitionem noſtram provocat. *De præſcrip. c.* 1.

à détourner le cours de la curiosité de ces gens, qui s'amusant à des dévotions frivoles & vaines, deviennent eux-mesmes des Chrestiens vains & frivoles, comme parle Saint Augustin : je croirois n'avoir pas travaillé inutilement : & je m'estimerois heureux, si pour seconder le zele de tant de gens de bien, qui s'occupent à réformer les mœurs par leurs écrits & par leurs discours, je contribuois, de la mediocrité du talent que Dieu m'a donné, à réformer la Foy. Car j'estime que c'est en quelque façon y renoncer, que de ne pas résister à la corruption & à l'égarement du Siécle.

Christiani nomine, sed re vani. *Aug. in Apocalyp.*

TABLE

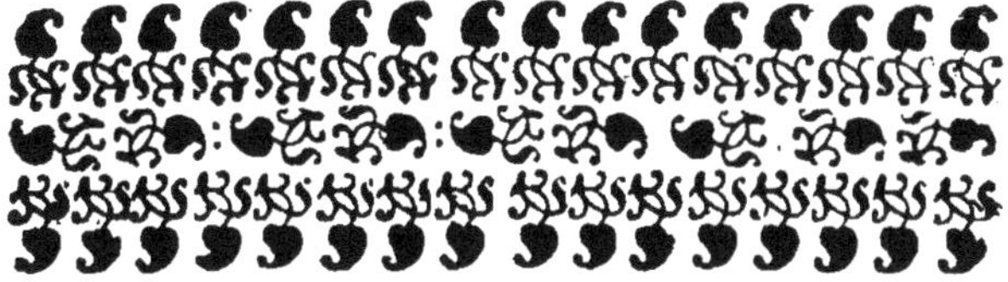

TABLE

DES CHAPITRES.

ĕ

TABLE

DES CHAPITRES.

č ij

LA

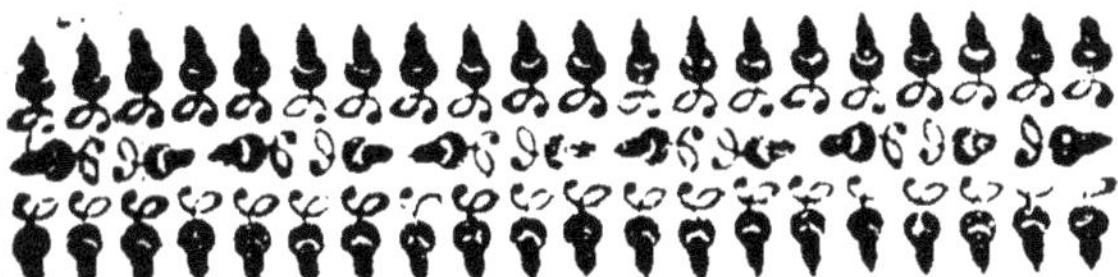

LA FOY
DES
DERNIERS SIECLES.

CHAPITRE I.

Le dessein de cét Ouvrage.

LA Foy qui nous fait connoiſtre ce qu'il y a de plus incomprehenſible, & de plus myſterieux dans noſtre Religion, en eſt elle-meſme un des plus grands myſteres : elle ſe cache aux eſprits élevez & ſublimes, pour ſe découvrir aux petits & aux humbles. C'eſt une lumiére aux uns, & un nuage aux autres : ou pluſtoſt c'eſt un rayon meſlé de tenébres, ſemblable à cette colonne, dont Moyſe parle dans l'Exode, qui éclairoit

Inter caſtra Ægyptiorum & caſtra Iſ-

A

raël erat nu-
bes tenebrosa
& illumi-
nans.
Exod. cap.14.

Sermo ejus
carnalibus te-
nebræ sunt,
& verbum e-
jus infideli-
bus nox est.
Hilar. in
Matth.

Mulier nomi-
ne Lydia, pur-
puraria, cu-
jus Dominus
aperuit cor
intendere his,
quæ dicebam-
tur à Paulo.
Act. cap. 16.
n. 14.

Agrippa di-
xit: Volebam
Paulum au-
dire.
Act. cap. 25.

les Ifraëlites dans leur fortie d'E-gypte, pendant qu'elle n'avoit rien que de noir & de fombre pour les Egyptiens. Elle propofe aux hommes une Religion pleine d'obfcurité, & des myftéres propres à aveugler les efprits fuperbes : pendant qu'en humiliant les orgueïlleux fous des tenébres falutaires, elle inftruit les humbles qui cherchent Dieu avec un cœur fimple & fincere.

Ce fut par un fecret fi inconcevable, que la Foy ouvrit l'efprit d'une marchande nommée Lydie, de la ville de Thyatire, dont il eft parlé dans les Actes des Apoftres, pour le rendre foumis & docile à la prédication de Saint Paul : & que la mefme grace fut refufée à la Reine Berénice & au Roy Agrippa, qui eûrent tous deux le cœur fermé à la voix de l'Apoftre. Que ce grand Saint, avec des talens naturels fi admirables, avec la vertu toute puiffante de la parole de Dieu, & avec toute l'affiftance du

Saint Esprit, ne convertit qu'une femme, & peu d'hommes à Athenes, où l'on se piquoit si fort de raison, & qu'ailleurs il convertit tant de peuples, qui à peine estoient raisonnables : que le Saint Esprit envoye Saint André & Saint Thomas prescher l'Evangile aux nations les plus barbares, & les plus éloignées de la terre, aux Scythes, aux Médes, aux Hircaniens, & qu'il défend à Saint Paul & à son Disciple Timothée de le prescher en Asie, qui n'estoit pas loin, & où regnoit presque toute la sagesse, toute la science, & toute la politesse qui estoit alors au monde. Ce fut aussi par cét ineffable secret, qu'aucune personne de qualité ne crût en JESUS-CHRIST, dit Saint Jean, & que le peuple couroit aprés luy : qu'au temps des Martyrs on voyoit de la fermeté dans ceux qui paroissoient aux yeux des hommes les plus foibles, & de la foiblesse dans ceux qu'on croyoit les plus forts,

Vetati sunt à Spiritu Sancto loqui verbum Dei in Asia. *Act. cap.* 16.
Numquid ex principibus aliquis credidit in eum, aut ex Pharisæis, sed turba, &c. *Ioan. cap.* 7.
Loquimur Sapientiam Dei, quam nemo principum hujus sæculi cognovit.
Paul. 1. Cor. cap. 1.

comme l'asseûre Saint Chrysostome. Ainsi ne raisonnons point avec
Dieu sur une conduite si étrange,
car il est le maistre de ses graces,
il les fait à qui il luy plaist.

C'est cette Foy enfin, qui édifie les petits en scandalisant les
grands, humiliant les uns, éle-
vant les autres, claire & intelli-
gible aux ignorans, obscure & te-
nébreuse aux présomptueux : sa
lumiére faisant sentir aux esprits
vains leur ignorance, pendant que
son obscurité éclaire les humbles
par des tenébres qui surpassent
toute sorte d'évidence : parce que
la simplicité de nostre Religion
blesse l'orgueil des ames vaines,
qui ne peut penétrer cette profondeur de sagesse que Dieu a cachée
sous les voiles de sa sainte Parole.
Voila les merveilles incomprehensibles de la Foy, dont je prétends
parler, laquelle aprés tout ne me
paroist ni plus mysterieuse, ni plus
inconcevable, que dans la conduite de Dieu sur les hommes,

pour se faire connoistre alternati-
vement aux uns aprés les autres,
ostant ses lumiéres à ceux qui les
avoient, pour les donner à ceux
qui ne les avoient pas. Verité la
plus redoutable, & peut-estre la
moins redoutée de nostre Religion, en ce que par une terrible
révolution de grace, Dieu devient
sevére à ceux à qui il n'avoit esté
que misericordieux, & misericordieux à ceux, ausquels il n'avoit
esté que sevére : exerçant sa colere
dans les vases de sa misericorde,
& sa misericorde dans les vases de
sa colere. La raison la plus éclai-
rée, qui ne consulte que ses lumiéres, ne voit goute dans uue conduite si étonnante & si sublime :
les esprits les plus penétrans n'y
connoissent rien, & plus on l'a-
profondit, plus on y trouve d'obscurité.

C'est aussi ce qui donnoit davantage de frayeur au grand Apostre Saint Paul, lequel tout rempli qu'il estoit des lumiéres les

*Ut ipsi vi-
deantur nunc
eligi, qui
priùs fueran[t]
derelicti.
De vocat.gent.
lib. 1.*

plus pures de la Foy, aprés avoir examiné le malheur des Juifs ses freres, qui comme des branches naturelles avoient esté retranchées de leur tige, afin que les Gentils prissent leur place, avoûë son étonnement & son ignorance dans l'Epistre aux Romains. Il ne put comprendre, dit Saint Chrysostome, que ce peuple autrefois favori, qui avoit eû l'honneur d'estre appellé le Peuple de Dieu, de recevoir sa Loy, de l'adorer avant tous les autres peuples du monde, d'avoir pour ancestres les ancestres mesmes de JESUS-CHRIST, ces Israëlites à qui appartenoit l'honneur de l'alliance de Dieu, sa protection, son culte, ses promesses, fussent détruits, pour faire place à d'autres peuples, qui n'avoient jamais connu Dieu, & qui n'adoroient que des Idoles. Il n'entend point comment il est possible que la parole divine soit vaine; que cette promesse d'une nombreuse posterité faite si solennellement à

Fracti sunt rami, ut ego inserar. Rom. cap. 11.

Chrysost. Ser. 16. in cap. 9. ad Rom.

Abraham, soit anéantie ; que le Fils
de Dieu fasse entrer dans son héri-
tage des estrangers en la place des
enfans legitimes ; que des barbares, des inconnus , & des idolaf-
tres ayent la préference en son a-
mour à une nation, qui a porté
la premiére le pesant joug de sa
Loy , qui ne s'est occupée que de
la lecture de ses Prophetes, & qui
n'a médité que ses Mystéres ; que
les invitez au banquet du Roy de
l'Evangile n'y assistent pas , & que
ceux qui n'y estoient pas invitez y
assistent ; que les uns ayent trouvé
la verité sans l'avoir cherchée, &
que les autres la cherchent sans la
trouver, ou sans la conserver aprés
l'avoir trouvée, & que cette terrible prophétie d'Osée soit accomplie : *J'appelleray mon peuple ceux
qui n'estoient pas mon peuple, & ma
bienaimée celle, pour qui je n'avois
que de l'aversion.* Voila ce qui luy
est incompréhensible : mais parce
qu'enfin tous ceux qui descendoient
d'Israël n'estoient pas de vrais Israë-

*Inventus sum
à non quæ-
rentibus me,
& palam ap-
parui iis qui
non interro-
gabant me.
Paul. ad Rom.
cap. 10. ex
Isa. cap. 65.*

*Vocabo non
plebem meã
plebem meã,
& non dile-
ctam dile-
ctam. Rom.
cap. 9. ex
Osea.*

lites, il déclare avec cette autorité dont l'avoit reveſtu le caractére d'Apoſtre, & la dignité d'envoyé de Dieu; que la cheûte de ce peuple autrefois ſi cheri, eſtoit devenuë une occaſion de ſalut aux autres peuples , & que la réprobation des Juifs avoit eſté la cauſe de la réconciliation du monde; que ce treſor de graces qu'ils avoient mépriſées, s'eſtoit répandu ſur toute la terre, pour en enrichir les nations; & que Dieu avoit permis qu'elles fuſſent toutes envelopées dans les ténébres de l'incredulité, pour avoir lieu d'exercer ſa miſericorde envers tous les hommes. Mais il ne laiſſe pas d'avoüer qu'il ſe perd dans une conduite ſi profonde : qu'il voit à la vérité une partie de ces ſecrets ſi inconcevables, & qu'il en ignore l'autre : ce qui l'oblige à s'écrier, *O abyſme des treſors de la ſageſſe & de la ſcience de Dieu , que vos jugemens ſont impénétrables, & que vos voyes ſont incompréhenſibles !* Tant il

Amiſſio eorum, reconciliatio eſt mundi.
Rom. cap. 11.

Delictum eorum divitiæ ſunt mundi, & diminutio eorum divitiæ gentium.
Rom. ibid.

O altitudo divitiarum ſapientiæ, & ſcientiæ Dei, quàm incomprehenſibilia ſunt judicia

est épouvanté d'un myſtére ſi élevé au deſſus de ſes connoiſſances.

Et comme cét Apoſtre s'effrayoit luy - meſme dans la conſidéra-tion des ſecrets de la juſtice de Dieu & des ſecrets de ſa miſe-ricorde, dont il comprend une partie, ſans pouvoir comprendre l'autre : mon deſſein eſt de mon-trer à noſtre ſiécle, où l'eſprit de la Religion eſt devenu ſi languiſ-ſant, ce cercle de graces, & cette révolution de la Foy qu'il ſemble que Dieu promene de Provinces en Provinces, & de Royaumes en Royaumes, pour exciter la vigi-lance des Fidelles à conſerver par le renouvellement de leur ferveur un ſi riche treſor : car de quelque coſté que nous jettions les yeux ſur les peuples nos voiſins, nous n'y verrons que de funeſtes débris d'une foy éteinte. C'eſt donc pour expoſer aux yeux des Chreſtiéns ces terribles jugemens de Dieu, capables ſeuls de les réveiller de cét aſſoupiſſement où la corru-

A v

ejus, & in-veſtiga iles viæ ejus! Rom. cap. 11.

Omnes viæ ejus, judicia. Deuter. c. 32.

ption des derniers siécles les a plongez. Car à une lethargie aussi profonde qu'est celle où l'on vit aujourd'huy, il ne faut que de violens remédes, & que des véritez estonnantes, pour nous obliger à détourner de dessus nous le poids de ces grandes coleres que Dieu fait éclater sur ceux qui ont méprisé ses misericordes. Plust à Dieu qu'un objet si important tint nos esprits attentifs, & qu'en retirant nos pensées des basses & des frivoles idées qui les occupent, nous pussions nous attacher quelquefois à sonder cét abysme impénétrable des jugemens de Dieu, pour entrer dans ces étonnemens profonds & dans ces frayeurs toutes saintes, dont l'esprit de cét Apostre estoit saisi, en considérant les secrets incompréhensibles de la justice divine!

Nous tremblerions sans doute aussi-bien que luy, nous qui sommes Chrestiens, & qui conservons encore de si précieux restes de nos-

tre créance, si nous pouvions oc-
cuper nostre esprit d'un sujet si
capable de l'effrayer. C'est cét effroyable mystére que Saint Paul
expliquoit autrefois aux Juifs pour
guerir leur orgueïl, & que j'entreprens aujourd'huy d'expliquer
aux Chrestiens, pour guerir leur
paresse & leur langueur dans la
Foy. Heureux si en dévelopant les
pensées de cét Apostre je ne les
affoiblis pas par les miennes. Voila le projet de cét Ouvrage, que
je tascheray de renfermer dans l'ex-
plication des veritez suivantes.
I. Quel est le prix & l'excellence
du don de la Foy qui nous fait
connoistre Dieu, qui nous fait ses
enfans, & qui éleve le Fidelle au
plus haut point d'honneur qu'il
puisse arriver. I I. Qu'estant un
don si excellent, elle demande de
nous une fidélité & une correspondance parfaite, & nous oblige à une souveraine perfection.
III. Combien est terrible la punition de ceux qui ne répondent

A vj

Nolo vos ignorare, fratres, mysterium hoc, ut non sitis vobismetipsi sapientes. Rom. cap. 11.

Quia cæcitas contigit in Israël, donec plenitudo gentium intraret. Rom. cap. 11.

pas à un si grand don. IV. Que c'est pour cela que Dieu a osté la Foy aux Juifs & aux Chrestiens, qui sont devenus ou infidelles ou héretiques. V. Que la Foy des derniers siécles, qui s'est refroidie par le relaschement des mœurs, est sujéte à ce malheur. VI. Qu'il faut l'éviter par le renouvellement de nostre ferveur & de nostre vigilence. Je commence par la premiére verité.

CHAPITRE II.

Quelle est l'excellence & le prix du don de la Foy.

LA Foy est cette premiére grace qui détruit en nous l'esprit du vieil homme, pour y former, par une régenération toute celeste, l'esprit de l'homme nouveau. Ce n'est ni la chair, ni le sang, qui opere dans nous cette production si sainte : c'est la vertu toute-puissante de la parole de Dieu, qui rend feconde au Baptefme cette goute d'eau fterile d'elle-mefme, & nous fanctifie, en nous faifant Chreftiens. C'eft par là que fe forme en nous cette nouvelle créature qui eft l'ouvrage de la Grace. Noftre naiffance charnelle eft l'operation de l'homme, mais noftre renaiffance fpirituelle eft l'operation de Dieu. C'eft luy qui produit dans nous cette foy habituelle, d'où fe forme ce caractére d'adoption, par lequel nous devenons les enfans de Dieu, & les héritiers de fon Royaume. C'eft par ce mefme don de la Foy, que nous nous dépouillons, dit Saint Paul, de cét efprit de crainte & de fervitude, qui a regné dans l'ancien Teftament, pour recevoir l'efprit d'amour du Teftament nouveau : c'eft par elle que nous fommes reveftus d'une force toute celefte, pour faire profeffion de noftre Religion au prix de noftre fang & de noftre vie. C'eft elle qui affujétit l'homme à Dieu, en le ren-

dant docile & foumis à fa parole:
qui anéantiffant fa raifon, luy fait
renoncer à fa prudence, étouffer
fes réflexions, réfifter à fes propres
veûës, pour n'écouter que la voix
de fon fouverain Maiftre. C'eft elle
enfin, qui fous le poids de l'autorité divine, rend efclave la plus
fiére & la plus orgueïlleufe de toutes les facultez de l'homme, qui
eft l'entendement, pour le captiver fous le joug de l'obéïffance.

Et cette Foy que nous recevons
au Baptefme, & qui nous fait
Chreftiens, en nous affociant au
nombre des Fidelles, eft la femen-
ce de cette grace actuelle, qui opere dans nous toutes les actions de
vertu que nous pratiquons dans la
vie: car il y a une fi grande dif-
proportion entre Dieu & nous,
que nos efprits ne peuvent penfer
à luy, ni former aucune idée de
ce qu'il eft, que par le fentiment
qu'en imprime la Foy dans nos
ames, où tout eft fterile fans cette
impreffion. C'eft la Foy que vous

avez, *qui opere toute vertu dans vous*, disoit Saint Paul aux Chrestiens de Thessalonique : ce fut la Foy qui soumit le cœur de Lydie pour l'affectionner à la prédication de l'Apostre Saint Paul. Ce n'est ni la chair, ni le sang, disoit le Sauveur du Monde à Saint Pierre, aprés l'aveu qu'il venoit de faire de sa divinité; c'est mon Pere qui vous a révelé luy-mesme ce secret, par la Foy qu'il vous a donnée. C'est par la Foy que Dieu nous a sauvez, disoit Saint Paul aux Romains : ce n'est ni par vostre bel esprit, ni par cette grandeur d'ame, qui est le caractére de vostre nation : cette grace-la ne vient point de vous; vous n'y avez nulle part, elle est toute pure de Dieu, afin qu'aucun ne s'en glorifie.

Ce n'est que parce qu'il a eû pitié de nous, que nous croyons en luy: ce que le Prophéte avoit dit long-temps auparavant d'une autre maniére, parlant de ceux qui croyoient, *Je leur ay donné une do-*

Verbum Dei operatur in vobis, qui credidistis.
1. *Thessal.* cap. 2.

Dedi eis cor

ut sciant me.
Ierem. cap. 24.
7.

cilité d'esprit, & une soumission de cœur pour les rend e ca able s de me connoître. Car c'est proprement dans la soumission d'un cœur humble & docile, que consiste cette persuasion, qui attache nostre esprit à ce que la Foy luy propose avec tant de fermeté, que nous sommes prests à renoncer à tout pour estre soumis à Dieu, & à captiver la raison qui voudroit s'affranchir du joug que luy impose une si grande autorité : car enfin la Foy est l'ouvrage seul de la grace.

Ce n'est pas à dire, aprés tout, que ce don si special, dont Dieu gratifie ceux qu'il luy plaist, soit une exclusion du salut pour ceux à qui il le refuse dabord. Dieu qui s'explique par luy-mesme aux Fidelles en leur donnant la Foy, ne laisse pas de s'expliquer aux autres peuples, par la voix des créatures, dont le son plus éclatant mille fois que celuy d'une trompette, dit

Chrysost. in
epist. ad Rom.

Saint Chrysostome, annonce aux

hommes les plus indociles, la gloire & la puissance de leur Créateur. Il est vray que c'est un des secrets des plus profonds de sa Sagesse : pourquoy il s'est tellement caché aux premiers Siécles, qu'il n'a laissé échapper que les traits les plus grossiers & les plus imparfaits de sa divinité, dont il ne parut que de foibles lueurs aux hommes, & qu'il s'est manifesté avec tant d'éclat aux derniers Siécles, pour y découvrir toutes les richesses de sa grandeur, & qu'il a bien voulu réveler sa Justice à la face de toute les nations de la terre : ce n'est pas à nous à examiner ses raisons, qui sont toûjours justes.

Mais il n'y a point d'homme raisonnable, qui au travers des nuages, dont Dieu a voulu se cacher aux yeux des infidelles, & parmi l'obscurité dont il a enveloppé ses mystéres aux yeux des Chrestiens, ne découvre un ordre, un arrangement, & une dépendan-

ce si admirable dans tous ses ou-
vrages, & n'y reconnoisse la conduite d'une souveraine raison, &
les traits d'une Sagesse toute divine, plus capables de le satisfaire,
que tous les raisonnemens de l'esprit humain, & que toutes les réflexions de la prudence de la chair.
Et cette obscurité, dont nostre Foy
est environnée, n'est pas assez som-
bre, pour empescher qu'avec un
esprit médiocre, & un peu de bon
sens, on n'ait toûjours de la lumiére plus qu'il n'en faut, pour y
reconnoistre que c'est un Dieu qui
en est l'Auteur : & de quelque
costé qu'on regarde nostre Religion, on la trouvera si raisonnable, que toute profonde que
soit l'obscurité de ses mystéres, on
n'en sçauroit douter que par une
espece d'extravagance. *J'ay trouvé,*
dit le Prophete, *dans l'établis-*
sement de vos Ordonnances, une
équité & une raison qui les fera
durer éternellement. Ainsi quoy-que
ce don de la Foy soit tout-à-fait

Initio cogno-
vi de testimo-
niis tuis, quia
in æternum
fundasti ea.
Psal. 118.

indépendant de l'homme, & qu'il ne puisse pas mesme s'en rendre digne, parce que c'est un effet de la seule misericorde de Dieu, il a toutefois assez de lumiére pour sçavoir la demander quand il ne l'a pas, & il peut l'obtenir quand il la demande comme il faut, car la parole de Dieu est vraye : *Cherchez, & vous trouverez ; frappez à la porte, & elle vous sera ouverte.* Et comme ce n'est qu'en cultivant la terre, qu'un laboureur la fait fructifier : ce n'est qu'en cultivant son ame par de bonnes œuvres, qu'on devient Fidelle, quand on ne l'est pas, comme je diray plus au long dans la suite de cét Ouvrage.

Mais l'excellence de ce don consiste principalement en ce qu'il ne vient jamais dans une ame, qu'en la compagnie des autres dons, car l'esperance, la charité, l'amour de la priére, la confiance en Dieu, l'abandon à sa Providence, la patience, l'humilité viennent toutes de la Foy, comme de leur source

Quærite & invenietis, pulsate & aperietur vobis.
Matth. cap.7.

naturelle ; & il n'y a de vertu en noftre Religion, qu'autant qu'il y a de Foy. En quoy elle eft femblable à ce don de Sageffe, dont parle l'Efcriture, qui n'eft jamais qu'accompagné des autres, qu'elle tient lieu au Chreftien, de prudence, de conduite, & de difcretion, en luy donnant des principes qui fe répandent fur toutes fes actions, & qu'elle devient en quelque façon l'ame & l'efprit du jufte, *qui ne vit*, comme dit Saint Paul, *que de la Foy* & des maximes de la Foy. Mais ce n'eft pas feulement par la prééminence qu'elle nous donne, de nous faire enfans de Dieu, & par l'honneur de cette adoption où elle nous éleve, que le prix de cette vertu eft grand : c'eft encore particuliérement en ce qu'elle nous éclaire d'une maniére fi évidente, en levant le voile de deffus nos cœurs, qu'elle nous remplit d'une lumiére toûjours fuivie de perfuafion, quand elle a fon effet dans toute fon étenduë.

Parce qu'elle nous fait croire les choses, qu'elle nous propose avec une certitude qui surpasse celle des sens & de la raison : elle ne sçait ce que c'est que d'hesiter, quand elle verroit de tous costez de l'opposition, & de l'impossibilité mesme à ce qu'elle croit : parce qu'elle fonde sa fermeté sur la Toute-Puissance de Dieu, & sur l'infaillibilité de sa parole, se soumettant humblement à son autorité, qu'elle reconnoist pour la regle de sa créance.

C'est alors que le fidelle n'écoutant plus sa prudence, se rend à la voix de Dieu, quand il a parlé : il n'a plus de doute, plus de crainte, plus de défiance, plus d'incertitude : rien ne varie ni ne chancelle dans sa créance, tout y est soumis ; & cette soumission si parfaite, si aveugle, si universelle, n'est qu'un effet de la souveraine estime qu'il a de Dieu : & considérant sa bassesse qu'il compare à la grandeur ineffable & incompréhensible de fon Créateur, il fléchit fon efprit fous l'autorité de fa parole; mettant fa gloire à s'abbaiſſer devant fon Dieu, en luy facrifiant fa raifon, qui eſt le feul facrifice que l'homme puiſſe faire à Dieu : car tout le reſte eſt à luy.

C'eſt en quoy confiſte le dernier degré de l'excellence & du prix du don de la Foy : car c'eſt par là qu'elle nous fait glorifier Dieu de la maniére la plus haute qu'un Chreſtien foit capable de le glorifier, parce qu'elle luy fait comprendre tel qu'il eſt; qu'elle ne luy donne que des penſées conformes à fa grandeur; qu'elle luy fait concevoir fans defaut & fans imperféction; qu'il ne doute jamais de fa puiſſance, le croyant capable de faire des chofes mefme impoffibles. Car les penſées que nous formons de Dieu ne peuvent que le deshonorer, tant elles font difproportionnées à fon mérite. C'eſt auſſi fur l'excellente idée que le Chreſtien fe forme de la puiſſance de Dieu, fur la haute opinion qu'il prend de la fainteté de fa parole, & fur les fentimens d'eftime qu'il conçoit pour fon infaillibilité, qu'il s'accouftume à captiver fon entendement, qui n'a rien tant en horreur que la fervitude & la contrainte. Rien auffi n'eft capable de faire tant d'honneur à Dieu qu'un acte de Foy : car c'eft la plus grande marque qu'on puiffe luy donner de la haute eftime qu'on a de luy, que de vouloir bien le croire fur fa parole en des chofes, qui d'elles-mefmes paroiffent fi incroyables : d'avoir de la venération & du refpect pour cette parole, qui n'eft venuë à nous depuis tant de fiécles, que par le miniftére des hommes, & fur laquelle il a luy-mefme répandu tant de tenébres, cette parole combatuë des fçavans, conteftée prefque en tous lieux, qui a trouvé de la contradiction par tout : & renoncer à fon intereft, à fon honneur, à fa vie fur cette parole.

Et ce fut par une vertu si héroïque qu'Abraham rendit tant de gloire à Dieu, comme l'asseûre Saint Paul : n'ayant pas la moindre défiance, que la promesse qu'il luy faisoit d'une nombreuse posterité ne deust s'accomplir, & que la vertu de concevoir presque éteinte dans Sara, sa sterilité naturelle, son âge avancé ne seroient point des obstacles à son esperance. Car quelle force la Foy ne donne-t-elle pas à l'homme, pour soustenir le poids de tant de difficultez tellement insurmontables à la foiblesse de ses lumiéres & à la petitesse de sa raison ? Mais comme ce don est d'un prix inestimable, il demande de nous une grande fidélité, & une grande perfection. C'est la seconde vérité qu'il faut examiner.

CHAPI-

CHAPITRE III.

Quelle fidelité demande d'un Chrestien, un si excellent don, & à quelle perfection il l'oblige.

LA Loy ancienne qui n'avoit la vertu que d'engendrer des esclaves, ne pouvoit faire ceux qui l'embrassoient qu'enfans d'Abraham : mais la Loy nouvelle qui n'engendre les Fidelles que dans l'esprit de liberté, leur donne une Foy, qui les fait enfans de Dieu : car Dieu a donné le pouvoir de l'appeller pere à ceux qui croyent en son nom. Les Juifs ne l'appelloient que leur Seigneur dans l'esprit de servitude, où ils estoient conceûs & élevez, comme le remarque Saint Augustin. Ce n'est en effet qu'au Chrestien à qui le Fils de Dieu a appris d'appeller Dieu son Pere. Ce seul degré d'honneur demande déja une gran-

Aug. l. 2. de Serm. Domini cap. 8. Videte qualem charitatem dedit nobis Pater, ut

Filii Dei nominemur &
fimus. *Ioan.
epist.* 1. *c.* 3.

de perfection de nous, & ce don
ineſtimable de cette adoption toute divine où la Foy nous éleve,
nous oblige à une fidelité à laquelle lesJuifs n'eſtoient point obligez. Nous nous engageons à vivre chreſtiennement, c'eſt-à-dire,
à garder l'Evangile dés que nous
ſommes Chreſtiens. Ce qui faiſoit
dire autrefois au Sauveur du monde, parlant à ſes Diſciples : *Si voſtre juſtice ne ſurpaſſe celle des Scri-
bes & des Phariſiens*, qui eſtoient
les plus reglez parmi les Juifs,
*vous n'entrereʒ point au Royaume des
Cieux* : car les Juifs n'avoient que
l'ombre & la figure de la verité
que nous poſſedons : & la promeſſe
qui leur fut faite d'un Sauveur en
la Loy écrite, ne s'eſt accomplie
que dans la Loy de grace. Ce Dieu
qui eſtoit leur Maiſtre & leur Seigneur, eſt devenu noſtre frere, en
prenant une chair ſemblable à la
noſtre. Ainſi nous ſommes obligez de devenir des membres pro-
portionnez à ce corps ſi ſaint,

Niſi abunda-
verit juſticia
veſtra pluf-
quam Scriba-
rum & Phar-
ſæorum, non
intrabitis in
regnum cœ-
lorum.
Math. cap. 5.

dont le Fils de Dieu est le chef, & à vivre d'une maniére conforme à l'honneur auquel nous avons esté appellez, comme Saint Paul y exhortoit les premiers Fidelles : car une plus grande grace demande une plus grande justice. *Autrefois vous n'estiez que tenebres*, disoit cét Apostre aux Chrestiens de la ville d'Ephese; *maintenant vous estes lumiére : vivez donc comme des enfans de lumiére.*

Il est vray aussi que JESUS-CHRIST s'unissant à nostre chair, par le mystére de l'Incarnation, l'a annoblie par cette union, d'une maniére que Tertullien disoit qu'il n'estoit plus permis au Chrestien de la souiller par l'impureté de sa vie, prétendant qu'il ne devoit plus y avoir de misericorde dans l'Eglise pour ceux à qui ce malheur estoit arrivé; en quoy sa sévérité fut condamnée, comme excessive. Mais on voit par là l'idée qu'il avoit conceûë de la pureté de vie à laquelle le Chrestien estoit obligé, depuis l'allian-

Etatis aliquando tenebræ, nunc autem lux in Domino, ut filii lucis ambulate. Ephes. c. 5. 8.

Tertul. lib. de Pudicit.

ce que Dieu avoit fait avec l'homme. C'eſt auſſi ce qui faiſoit dire
à Saint Paul en l'Epiſtre aux Romains, que ceux qui eſtoient con-

ceûs en Jesus-Christ par le
Bapteſme, devoient marcher dans
la chair, ſans les ſentimens de la
chair : parce que le Fils de Dieu a
fortifié la foibleſſe de la chair,
éclairant l'eſprit par le myſtére
ineffable de l'Incarnation ; & en
enſeignant le bien à l'homme, il
luy a donné le pouvoir de le pratiquer, ce que l'ancienne Loy
n'eſtoit pas capable de faire : de-
ſorte que le peché a eſté vaincu
par le plus grand inſtrument du
peché, qui eſt la chair. Voila
pourquoy le Fils de Dieu eſt venu
au monde, pour fortifier ce qu'il
y avoit de foible en nous, en ſe
faiſant ſemblable à nous. C'eſt le
treſor qu'il nous a apporté en naiſ-
ſant parmi nous : conſervons-le;
il ne ſuffit pas d'eſtre les enfans
de Dieu, ſi nous ne vivons en enfans de Dieu ; & *ce n'eſt pas aſſez*

de ne plus marcher selon la chair, dit Saint Chrysostome, *il faut marcher selon l'esprit.* Ce n'est que pour nous instruire à la perfection d'une vie Chrestienne, que JESUS-CHRIST naist dans l'obscurité, vit dans l'indigence, & meurt dans l'ignominie. Il n'a tant souffert que pour se faire un peuple dévoûé à son service, & fervent dans les bonnes œuvres, disoit Saint Paul à un de ses Disciples.

Mais pour nous exciter nous-mesmes à remplir toute l'étenduë des obligations que nous impose un si grand honneur, nous n'avons qu'à faire réflexion d'où nous avons esté appellez, & à quoy nous sommes appellez, des tenébres les plus affreuses du peché à l'heritage d'une gloire qui ne finira point. Et afin que cette réflexion produise en nous les fruits qu'elle doit, ranimons dans nos cœurs cét esprit nouveau de la Loy de grace, qui nous fait enfans de Dieu. Car ce n'est plus en égor-

Chrysost. in epist. 2. ad Corinth.

Qui dedit semetipsum pro nobis ut redimeret nos, & mundaret sibi populum sectatorem bonorum operum. Ad Tit. c. 2. 14.

B iij

geant des animaux, & en enfan-
glantant des Autels, que nous devons l'adorer, & le fervir; c'eſt en
offrant le culte interieur de noſtre
eſprit par noſtre Foy, & en faiſant hommage de noſtre raiſon à
la raiſon ſouveraine de Dieu. Commençons donc à nous dépouïller
du vieil homme, pour nous re-
veſtir de l'homme nouveau, comme dit Saint Paul. Craignons de
perdre ces ornemens de la juſtice,
dont la grace nous a parez en nous
faiſant Chreſtiens. Détachons-nous
des vains amuſemens de la terre &
de l'amour des choſes terreſtres, par
l'eſperance que noſtre Foy nous
donne de poſſeder un jour ce Royaume qu'elle nous promet; qu'il n'y
ait plus rien de déréglé non-ſeu-
lement dans nos actions & dans
nos paroles, mais meſme dans nos
deſirs & dans nos penſées. Car
enfin, ce n'eſt point pour favori-
ſer noſtre laſcheté, que Dieu nous
a appellez à la connoiſſance de ſon
Nom, & qu'il nous a reveſtus de

Non eſt igna-
va & mollis
religio, quam
profitemur.
Hieronym.

cét esprit de force que la Foy nous
a inspiré dans le Baptesme; & ce
n'est pas pour nous laisser languir
dans l'oisiveté d'une vie molle,
qu'il nous a fait Chrestiens. Quelle honte seroit-ce pour nous, si
estant appellez aux grandes espe-
rances que nous propose nostre Religion, nous n'estions fidelles, que
pour avoir meilleure opinion de
nous, & pour suivre plus tranquil-
lement les injustes desirs de nostre
convoitise? mais c'est pour répondre par nostre vertu à une si grande faveur. Car si Saint Paul, aprés
les grandes choses qu'il avoit faites, disoit qu'il n'avoit encore rien
fait, si la fidelité de sa vie ne répondoit pas à la grandeur de la grace : prétendons-nous qu'il suffise de
croire froidement les mystéres de
nostre Religion, sans faire paroist-
tre nostre Foy dans nos œuvres?
Car il ne servira de rien aux Chrestiens d'estre appellez à une si grande grace, si la pureté de leur vie ne
répond à la sainteté de leur Foy.

B iiij

Mais quelle eſt cette ſainteté que
la Foy demande de nous, & qu'eſt-
ce enfin que de vivre chreſtiennement ? c'eſt aſſujétir entiérement
ſon eſprit à ſa créance. Et c'eſt
dans cét aſſujétiſſement parfait que
conſiſte la fidélité, & la perfection
que demande de nous l'excellence
du don de la Foy. Car c'eſt par
cette ſoumiſſion ſi univerſelle, qu'on
ſe dépouïlle de ſon propre ſens,
qu'on renonce à ſon eſprit & à ſa
prudence, & qu'on n'examine plus
rien, qu'on étouffe ſes propres lumiéres, qu'on s'aveugle ſoy-meſ-
me, & qu'on ne raiſonne plus.
C'eſt Dieu qui a parlé ; on s'y ſou-
met dans une ſimplicité qui va juſques à ſupprimer toutes les réflexions humaines. On n'agit plus
que par ces voyes ſublimes & élevées de la Foy ; par ces grands
principes de noſtre Religion, qui
eſtoient les maximes ordinaires de
ceux qui en ont eſté les fondateurs,
& par ce ſentiment intérieur de
l'eſprit & de la verité, que ſe

Sauveur du monde a promis aux vrais adorateurs, & aux vrais Disciples de la nouvelle Loy.

C'est alors que le Fidelle ne s'appuyant plus que sur le fondement immuable de la parole de Dieu, n'a plus presque d'attention aux choses visibles, mais seulement aux invisibles, comme Saint Paul dit de Moyse : tout ce qui est sensible ne le touche plus, il n'est plus surpris de rien ; les évenemens les plus extraordinaires & les plus surprenans qui arrivent dans le monde, ne l'estonnent point ; ce qui renverse le sens & la raison des autres, ne fait pas mesme impression sur luy ; ce qui trouble & ce qui scandalise les sages de la terre, l'asseure & l'édifie. C'est dans la paix & dans le silence qu'il reçoit toutes les contradictions qui luy viennent de la part de Dieu & des hommes, & qu'il est toûjours content quoy qu'il arrive, parce qu'en tout ce qui arrive il ne voit que la main de Dieu, sous

B v

laquelle il s'humilie avec une con-
defcendance qui luy fait fufpen-
dre jufques à fes propres raifonnemens.

Mais la Foy mene le Fidelle encore bien plus loin, quand il a
toute la foumiffion qu'il faut pour
la fuivre ; & elle l'éleve à une
bien plus grande perfection, quand
il n'écoute plus qu'elle, & qu'il
n'agit plus que par fon mouve-
ment : elle le fait marcher parmi
les tenébres dont la Religion eft
environnée, fans faire de faux pas:
il ne voit rien que d'indubitable
au travers des doutes & des incer-
titudes de ceux qui ne voyent pas;
il ne s'égare jamais dans les voyes
écartées, & parmi les détours qui
égarent les autres. Il fuit aveuglé-
ment cette conduite invifible de la
Providence, dont les refforts em-
baraffent la prudence de la chair,
fans qu'il s'embaraffe luy-mefme :
il eft accouftumé à faire de grandes chofes, & à fouffrir de plus
grandes peines, fans croire qu'il

fasse rien de grand, ou qu'il souf-
fre rien de considérable, à estre
admiré des hommes, & à trembler devant Dieu, à faire des miracles en tout, & à n'avoir pas
meilleure opinion de luy-mesme;
souffrir sans cesse les desolations
au dedans, & les contradictions
au dehors, & estre toûjours tranquille ; à vivre sous le poids &
dans l'accablement de toutes les
foiblesses d'une chair aussi fragile
qu'est celle de l'homme, sans s'ab-
batre, ni sans s'affoiblir, & estre
exposé à mille sujets de défiance,
sans perdre la confiance en Dieu.
La Foy fait encore davantage dans
le cœur du Fidelle ; elle luy fait
soustenir des combats où l'engage
la défense des interests de Dieu,
à entreprendre de grands desseins
que luy inspire le zele de sa gloire, à exécuter les choses importantes que luy conseille ce zele,
pour abolir les abus, réformer les
mœurs, combatre l'injustice, dé-
sarmer l'erreur, & appuyer la Re-

ligion, en s'opposant au torrent
de l'iniquité & de la corruption.

Voila quels estoient autrefois
ces Chrestiens qui ont establi nostre Religion : ils trouvoient des
tresors dans la pauvreté, des plai-
firs dans la souffrance, & des
charmes dans l'humiliation, qui
nous sont inconnus. L'honneur,
l'interest, la satisfaction des sens,
rien enfin de corruptible & de pe-
rissable ne les touchoit, parce qu'ils
avoient l'esprit plein des grandes
idées que la Foy leur donnoit d'un
Royaume éternel, qu'ils regardoient avec autant de confiance
que s'ils le possedoient déja, par
l'asseûrance que leur en donnoit
la Foy. Ils avoient tant de mépris pour la vie presente, qu'on
les voyoit aller en foule jetter aux
pieds des Apostres les biens qu'ils
possedoient, ne comptant parmi
leurs vrais biens que ceux de l'autre vie, & ne regardant les grandeurs du monde que comme des
songes dont ils estoient tellement

détrompez, qu'ils n'avoient que du dégouft pour tout cét éclat exterieur des vanitez temporelles. Car c'eftoient des efprits auffi élevez au deffus des impreffions du corps, & de toutes les foibleffes de la chair, que s'ils euffent efté des Anges, ou qu'ils euffent efté reveftus de la force & de la vertu de Dieu mefme. L'efprit de jaloufie, d'envie, de partialité, de difpute, de divifion, ne regnoit point parmi eux, car ils n'eftoient tous qu'un mefme cœur & qu'une mefme ame, portant leurs veûës jufques dans ce fond immenfe des chofes éternelles & invifibles, pour en faire le feul objet de leurs defirs. Et c'eftoit dans un fentiment fi élevé au deffus de tout ce qui eft terreftre, qu'ils embraffoient gayement la perfécution, en embraffant la Foy, parce que la force de la Foy fouftenoit la foibleffe de leur efprit. On voyoit leurs cœurs brulans des premiéres ardeurs de ce feu divin que le Sauveur venoit d'envoyer du Ciel, pour embraſer les hommes, & ils ne ſoupiroient qu'aprés les ſouffrances, animez par la Foy des grandes récompenſes qu'ils eſperoient. Mais rien ne les rendoit plus redoutables à leurs ennemis, que leur vertu. La pureté de leur vie, & l'innocence de leurs mœurs faiſoit trembler les démons, & deſarmoit les puiſſances de l'Enfer. L'ombre ſeule de leurs habits gueriſſoit les malades, & leur ſainteté eſtonnoit toute la nature. Car ils eſtoient tous des Saints, dit Saint Paul, qui n'appelle dans ſes épiſtres preſque jamais d'un autre nom les premiers Fidelles : ils eſtoient Saints dans le mariage, Saints dans les affaires, Saints dans l'uſage du monde & dans le commerce de la ſociété. Ce ſont-là les merveilles qu'operoit la Foy dans ces premiers ſiécles, par la pureté de vie qu'elle inſpiroit aux premiers Chreſtiens. Car nous liſons dans les Actes des Martyrs de l'Egliſe

Dilectis Deï vocatis ſanctis. Rom. c. 1. Collectæ quæ fiunt in ſanctos. 1. Cor. cap. 16. Salutant vos omnes ſancti. 2. Cor cap. 13. & ſ. paſſim.

de Lyon, que Sainte Blandine, qui n'estoit que servante, voyant pendant qu'on la martyrisoit, que les bourreaux traitoient les Chrestiens d'incestueux, de meurtriers, de voleurs, leur disoit, Vous vous trompez, on ne connoist point de crimes parmi nous.

Ce fut la Foy qui fit une femme chaste, de la femme adultére de l'Evangile ; qui fit Zachée liberal, d'avare qu'il estoit, en luy inspirant le mépris des choses presentes, & le desir des futures : elle qui rendit les Apostres, de timides & tremblans comme des roseaux qui s'ébranlent au moindre coup de vent, fermes & intrépides, pour devenir les colonnes de l'Eglise. Ce fut elle qui fit prier Saint Estienne pour ceux qui le lapidoient, avec une ferveur qui mérita de convertir une partie de ses bourreaux ; elle qui fit retentir aux extrémitez de la terre la voix de l'Apostre des Gentils, plus terrible aux démons que le tonner-

re, & qui le fit paroistre devant
le tribunal des Rois & des Grands
du monde, sans que cét homme
Saint fust ébloûi de leur grandeur.
Et ce fut elle qui donna le pouvoir à des hommes, aussi simples
& aussi ignorans que l'estoient les
Apostres, de rendre muets, par la
force de leurs discours, les Philo-
sophes les plus sages & les plus
sçavans qui fussent alors sur la
terre.

Ce fut la Foy qui peupla les vastes deserts de l'Egypte, d'un nombre infini de Fidelles de l'un & de
l'autre sexe, lesquels, dans une chair
foible, ne vivoient presque plus
d'une vie humaine; mais embra-
zez d'une sainte ardeur, qui les faisoit soupirer aprés Dieu, & élevez qu'ils estoient au dessus des
infirmitez du corps, passoient les
jours dans le travail, & les nuits
dans la priére, ne ressentant presque plus rien de ces lasches pas-
sions qui tyrannisent les autres
hommes, & menant une vie An-

gelique dans les miséres d'une chair
fragile. Combien de fois a-t-on
veû ces Saints Solitaires dans des
corps soumis à l'esprit, transper-
cez d'une chaste crainte des jugemens de Dieu, soupirer aprés le
Ciel, & dire comme ces Israëlites dont parle David, *Nous nous
sommes assis sur les fleuves de cette
Babylone du monde, & nous avons
pleuré en nous souvenant de vous,
ô Sion ?* Nous avons gémi dans la
captivité de cette miserable vie,
par un saint desir de la terminer,
& pour arriver à cette éternelle
vie où nous aspirons. Car ils se
regardoient comme des voyageurs
éloignez de Dieu & de leur chere
patrie, pendant qu'ils habitoient
dans ce misérable corps, selon la
parole de l'Apostre, & la Loy de
Dieu gravée au fonds de leur cœur,
par l'impression de l'Esprit Saint,
estoit leur méditation ordinaire.

Et combien depuis a-t-on veû
de Chrestiens animez de ce mesme esprit, qui ne se contentant

Scientes quo-
niam dum su-
mus in cor-
pore, peregri-
namur à Do-
mino. 2. Cor.
cap. 5.

pas d'affliger leur chair par des souffrances volontaires, alloient dans la chaleur de la persécution, affronter les tyrans, jusques sur leur trône, & défier les bourreaux jusques sur les échafaux, sans que la foiblesse naturelle de l'âge, ni la délicatesse du sexe, puffent estre des obftacles à l'ardeur qu'ils a-voient de répandre leur sang pour leur Religion? On les chargeoit de chaifnes, mais leur esprit & leur langue eftoient libres, & l'E-vangile qu'ils prefchoient n'eftoit point enchaifné. On les mettoit en piéces, & ils benifloient le nom de celuy pour lequel on les faifoit mourir. Ce fut cette mefme Foy, qui dans la fuite des fiécles apprit à Saint Alexis la gloire qu'il y avoit de fe cacher dans la maifon de fon propre pere, pour y vivre en étranger, & à eftre au milieu de fes proches, fans en eftre con-nu. Ce fut elle qui perfuada à Saint Jean l'Aumofnier de faire fon héritier celuy qui devoit eftre son Juge, en donnant tout son bien aux pauvres pour l'amour de Dieu : elle qui pressa Saint Louis de quitter son Royaume, pour aller à la conqueste de la Terre-Sainte, & qui ayant esté défait par les Infidelles, pris prisonnier, & frapé de peste, disoit, *Vous estes le seul de tous les Maistres, mon Dieu, qui soyez digne d'estre servi parmi les disgraces, & qui méritiez d'estre aimé, lors que vous maltraitez ceux qui vous aiment :* elle qui fit regarder au Pere Charles Spinola de la Compagnie de JESUS, comme un jour de triomphe, celuy auquel il fut condamné d'estre bruslé à petit feu au Japon. Car rien n'est plus capable d'inspirer au Chrestien ces grands sentimens de courage, ces maximes d'une perfection sublime, & les principes de cette force héroïque, qui met sa grandeur à s'anéantir devant Dieu, que la Foy.

Je ne finirois point, si j'entreprenois de raconter toutes les mer-

veilles que cette vertu a operées
dans les ames de ceux qui ont fui-
vi fes mouvemens avec la fidelité
qu'elle demande ; quelle fermeté
ils ont fait paroiftre dans l'adver-
fité , quelle modération dans la
profperité, quel mépris pour la
mort, quelle indifference pour la
vie , quelle élévation d'ame au
deffus de toutes les grandeurs humaines, qu'ils ne regardoient que
comme des illufions, & ne confi-
deroient tout ce que le monde a
de fafte & d'éclat, que comme une
figure paffagere, qui doit eftre bien-
toft effacée.

Præterit figura hujus mundi. 1. Cor. cap. 7.

Voila la perfection où la Foy
éléve l'ame du Fidelle : ce qu'elle fait dans un cœur vrayment
Chreftien, ce qu'elle eft capable de
faire dans ceux qui répondent à
fes lumiéres ; & voila ce qu'elle a
fait dans des hommes fujets comme nous à toutes nos paffions &
à toutes nos foibleffes. Mais quelque puiffante qu'elle foit d'elle-
mefme, elle n'eft capable de por-

ter de semblables fruits, que quand elle a pris racine dans une ame, par les épreuves de la tribulation, & qu'elle s'est affermie par les souffrances. La Foy des gens heureux selon le siécle, & de tous ceux qui n'ont pas esté éprouvez, n'est qu'une Foy superficielle : elle ne peut pas devenir solide dans la bonne fortune : ce n'est que par les croix qu'on devient parfaitement fidelle, & ce n'est que la grande persécution qui fait les Chrestiens fervens ; & c'est la regle que Dieu a establie dans l'œconomie de ses graces. Car enfin cette Foy héroïque, qui n'écoute plus les sens, qui ne connoist plus les maximes de la prudence du monde, que ni les difficultez, ni les obstacles, ni les apparences contraires, ni les contradictions, ni l'impossibilité mesme ne sçauroient plus ébranler ; cette Foy élevée au dessus de l'impureté de nos pensées, & de tous les nuages de la raison ; cette Foy simple, sans mélange de

Resiste fortes in fide. 1. Pet. cap. 5.

l'efprit humain, n'eft que l'effet d'une grande fidelité, d'une longue perféverance, & d'une patience invincible dans les peines. Et n'eft-il pas jufte que nous ne parvenions à ce comble des lumiéres les plus pures de la Foy, qu'aprés avoir paffé par les tenébres de la tribulation, & par l'obfcurité des fouffrances, & qu'un don fi précieux nous coufte quelque chofe? Par là tout Chreftien peut arriver au degré de la perfection où Dieu l'appelle, s'il eft fidelle à la grace felon la mefure de la Foy que Dieu luy a diftribuée, ainfi que parle l'Apoftre : car c'eft cette mefure qui fait celle de la perfection d'un chacun, quand il a toute la fidelité qu'il faut pour y répondre; & l'on ne doit attendre de Dieu qu'une punition rigoureufe, quand on n'y répond pas. C'eft la troifiéme verité.

Vnicuique ficut Deus divifit menfuram fidei. Rom. cap. 12.

CHAPITRE IV.

Combien est terrible la punition du Chrestien qui ne répond pas à une si grande grace.

PLus la grace que Dieu fait au Chrestien de l'appeller à la connoissance & à la participation de ses mystéres par la Foy est excellente, plus le mépris en est terrible. Il vous a choisi avant que vous fussiez né, comme Jacob : vous estiez sans nom, sans merite ; vous n'aviez rien que de rebutant, & il a jetté les yeux sur vous, tout méprisable que vous estes, pour les détourner d'une infinité d'autres moins méprisables que vous. Il a fait plus, avant mesme que vous fussiez formé dans le sein de vostre mere : vous avez esté l'objet de sa bienveillance, par le choix qu'il a fait de vous de toute éternité, quoy-que vous n'eussiez merité que sa colere, &

que vous fuſſiez tout-à-fait indigne de ſes miſericordes. Quelque
infidelité meſme qu'il euſt préveû,
par la profondeur & par la penetration de ſa connoiſſance , que
vous deuſſiez avoir pour luy dans
la ſuite de voſtre vie, il n'a pas
laiſſé de vous diſtinguer pour en
rejetter une infinité d'autres, qui
peut-eſtre l'auroient mieux ſervi
que vous. Par quelle ineffable bonté vous à-t-il plus aimé que tous
ceux qu'il a laiſſé perir pour vous
ſauver, en faiſant de vous un vaſe
de ſa miſericorde , comme parle
l'Apoſtre? De quelle maniére a-
vez-vous répondu à tant de faveurs, & quelle a eſté voſtre reconnoiſſance pour un ſi grand bien-
fait? n'eſt-il pas vray que vous
n'avez eû que du mépris pour tant
de bonté ? & que par une dureté
de cœur inconcevable, vous n'a-
vez ouvert les yeux en venant au
monde , que pour les fermer à
tant de lumiéres? Ce Dieu ſi favorable à voſtre égard, vous a préferé

Ut oſtende-
ret divttias
gloriæ ſuæ in
vaſa miſeri-
cordiæ. *Rom.*
cap. 9.

feré à un nombre presque infini de créatures qu'il a abandonnées à leur aveuglement : & vous ingrat que vous estes, combien de créatures ne luy avez-vous pas préferées ? *Il nous a élûs avant la création du monde*, disoit Saint Paul aux premiers Chrestiens de la ville d'Ephese, *pour l'amour qu'il nous a porté, afin que nous fussions Saints & irréprehensibles devant ses yeux, nous ayant prédestinez par un pur effet de sa bonté, pour nous rendre ses enfans adoptifs par* JESUS-CHRIST. Et comme c'est la grandeur de ce bienfait que nous avons receû de Dieu, qui fait paroistre la grandeur de nostre ingratitude : c'est l'excellence du don qui doit causer nostre tremblement : nous ferions peut-estre plus en seûreté, si nous estions moins redevables à Dieu : c'est le poids de l'obligation que nous luy avons qui doit nous donner de la frayeur, si nos mœurs deshonorent nostre créance : & si aprés avoir esté jugez in-

C

dignes de si grandes faveurs, no[us]
nous rabaissons à la poursuite d[es]
choses vaines & perissables.

Il est vray que c'est un gran[d]
honneur d'estre Chrestien : car p[ar]
l'onction de la grace que nous rec[e]-
vons au Baptesme, nous devenon[s]
le temple de Dieu, & le Saint E[f]-
prit habite en nous, disoit Sain[t]
Paul aux Corinthiens. Mais auta[nt]
que cét honneur est grand, auta[nt]
doit-il effrayer ceux qui en ab[u]-
sent. Car *quiconque profanera [le]*
temple de Dieu, dit cét Apostre[,]
Dieu le perdra : puisque ce templ[e]
est saint, & que c'est vous qui est[es]
ce temple, dont le fondement e[st]
JESUS-CHRIST. L'édifice qu[e]
vous éleverez sur un fonds si soli[-]
de, seront vos œuvres : si le re[ste]
du bastiment ne répond à la soli[-]
dité d'un fondement si ferme, to[ut]
l'édifice sera renversé. La Foy [la]
plus saine n'empeschera pas de pe[rir]
celuy qui l'a, s'il n'est juste dans [ses]
actions ; & le fondement ne servi[-]
ra de rien, quand le reste du basti[-]

ment tombera en ruïne. *L'ouvrage
de chacun paroiſtra alors*, dit Saint
Paul, *& le jour du Seigneur décla-
rera quel il eſt, parce qu'il ſera con-
ſumé par le feu ; & le feu ſervira
de preuve, pour examiner chaque
ouvrage.* Ce raiſonnement de l'A-
poſtre ſeroit capable de jetter la
frayeur dans l'eſprit du Chreſtien,
s'il eſtoit approfondi : il ne fait
que trop connoiſtre, que ce ſera
la grandeur de la grace qui luy
a eſté faite, qui réglera la grandeur de la punition qu'on luy fera,
s'il n'y eſt fidelle. Car nous avons
affaire à un maiſtre d'autant plus
ſevére, qu'il eſt bienfaiſant & mi-
ſéricordieux. C'eſt auſſi ce qui obligeoit Saint Paul à repreſenter aux
Romains avec tant de force, qu'en
conſiderant la bonté de Dieu, ils
euſſent auſſi quelque ſorte d'attention à ſa ſévérité ; ſa bonté envers
ceux qui avoient eſté appellez à la
Foy ; ſa ſévérité envers ceux qui
ne perſevérent pas. *Vous eſtes Chreſtien*, dit-il, *vous avez eſté appellé*

C ij

Uniuſcujuſ-
que opus ma-
nifeſtum eric:
dies enim Do-
mini declara-
bit , quia in
igne revelabi-
tur. 1. Cor. 3.

Videte ergo
bonitatem &
ſeveritatem
Dei , in eos
quidem , qui
ceciderunt ſe-
veritatem , in
te autem bo-
nitatem : ſi
permanſeris
in bonitate.

à la Foy, répondez à cette grace, de peur d'estre vous-mesme retranché.

Mais l'expression de cét amour n'est point si grande par tout ailleurs, que dans le Prophete Osée, quand il fait dire à Dieu, parlant au Fidelle *Je me feray vostre époux, & c'est par la Foy que je m'uniray à vous.* Ce qui a du rapport à ce mariage divin, & à ces nopces mysterieuses, dont il est parlé dans l'Apocalypse, & dont l'Ange disoit, *Heureux ceux qui sont appellez aux nopces éternelles de l'agneau!* C'est ainsi que l'Ecriture appelle la grace que le Sauveur a faite au monde, en s'unissant à nous, pour marquer encore mieux l'amour pur & ardent qu'il a pour les Fidelles : & c'est ainsi qu'il compare à un mariage & à des nopces, l'union qu'il contracte avec nous, pour déclarer par un terme si expressif toute l'affection & toute la tendresse qu'il a pour nous. Mais l'excés de cét amour éclate encore davantage dans la maniére, dont se fait cette

alliance : car ce n'eſt que par l'ef-
fuſion de tout ſon ſang, que cét
Agneau devient noſtre Epoux :
& ſes nopces ne ſe font qu'aprés
ſa mort, comme s'il croyoit n'eſtre tout-à-fait digne de nous,
qu'aprés avoir expiré ſur la Croix
pour noſtre ſalut.

Et aprés des marques ſi ſignalées
de tant de bontez, quelle éloquen-
ce eſt capable d'exagerer l'ingratitude des Chreſtiens qui ſont in-
ſenſibles à ces faveurs, & qui re-
fuſent d'aſſiſter à ces nopces ſaintes
où Dieu les invite ſi tendrement ?
C'eſt alors que cét agneau devient
un lion, que ce Dieu ſi miſericordieux s'abandonne en amant mé-
priſé à tous les reſſentimens de
la jalouſie la plus paſſionnée : &
qu'il fait éclater tout le poids de
ſa colére ſur ceux qui l'ont irrité.
Car avec quelle force & quelle ve-
hemence reproche-t-il aux Juifs
leurs froideurs dans ſes Prophétes ?
Quelles peintures fait-il de leurs
ingratitudes, & de quels traits ſe

fert-il pour exprimer leurs égaremens ? Ce fut avec ces terribles
marques de son indignation qu'il
traita dans Ezechiel les infidélitez
de Jerusalem sa ville bien aimée.
Ecoute, dit-il, *prostituée que tu es,*
parce qu'enfin ton infamie a éclaté
dans l'abandonnement à ta prostitu-
tion à l'égard de tes amans : je les
assembleray tous, pour venir estre les
témoins de ta confusion, & de ton
ignominie, & alors ils verront ta
honte : je te livreray entre leurs mains :
ils renverseront tes murs, ils égorge-
ront tes habitans, ils ruineront tes
Palais : & quand mon indignation
sera assouvie, je retireray de toy mon
affection : je me reposeray, je n'au-
ray plus pour toy que de l'indifféren-
ce : & je te regarderay desormais
comme une Ville indigne de ma co-
lére.

Ce sont-là les traits de l'extréme séverité que Dieu exerce à
l'égard de ceux qu'il a le plus
favorisez de ses graces, & dont
les Prophétes sont pleins. Que

diray-je de la Parabole du figuier condamné au feu dans l'Evangile, parce qu'il eſt ſtérile ? Car plus un laboureur, dit Saint Chryſoſtome, s'eſt affectionné à cultiver un ar-bre, plus il s'irrite contre cét arbre, quand malgré ſes ſoins il ne porte aucun fruit. Que diray-je de la punition du ſerviteur qui fut jetté dans les tenébres pour n'avoir pas fait profiter ſon talent, c'eſt-à-dire ſa Foy, & de tant d'autres figures dont ſe ſert le Fils de Dieu, pour exciter la fidélité des Chreſtiens, par la terreur de ſa colére, & par la frayeur de la peine qu'il prépare à ceux qui ont eû du mépris pour ſes lumiéres ? Mais j'avoûë que rien ne m'effraye davantage que la deſcription que Saint Jean fait de Jesus-Christ dans l'Apocalypſe, de la maniére dont il luy apparut. Peut-eſtre reſſentirions-nous une partie des frayeurs dont fut ſaiſi cét Apoſtre, ſi nous avions une Foy aſſez vive pour nous le repreſenter en

Chryſoſt. in c. 10. ad ep. Hebr.

C iiij

cét estat. *Au moment que je l'apperceûs*, dit-il, *je tombay comme mort à ses pieds.* En effet, il se trouva trop foible pour souftenir la presence de la Majesté de Dieu. Qui ne seroit aussi accablé de la frayeur de ce spectacle, voyant le Fils de Dieu avec des yeux étincelans de feu, qui portoient leur lumiére jusques dans les tenébres les plus épaisses, d'un air menaçant ? Sa voix estoit forte & éclatante, comme le son d'une trompette ; son visage estoit plus brillant que le Soleil dans sa plus vive lumiére : il sortoit de sa bouche une épée tranchante, qui marquoit la punition dont il estoit prest de frapper ceux, lesquels avoient méprisé son amour.

Mais un exterieur si redoutable n'estoit rien en comparaison de la févérité de ses paroles, & du tonnerre de ses menaces. Ces chandeliers d'or & ces estoilles au milieu desquelles l'Apoftre vit le Fils de Dieu en cette vision, signifioit

qu'il n'habite que dans la lumiére, & que les Pasteurs marquez
par ces flambeaux d'or, sont obligez à une plus grande perfection
que ceux qu'ils conduisent. Car
avec quel excés de rigueur traite-
t-il jusques à leurs moindres de-
fauts ? L'Evesque d'Ephese estoit
un homme attaché à son devoir,
s'occupant à de bonnes œuvres, pa-
tient : cependant il luy reproche
avec aigreur, qu'il est décheû de
son premier estat, & que sa charité est diminuée, en comparant
les premiéres années de sa vie aux
derniéres. On a de la peine à ne
pas s'épouvanter en lisant un exa-
men si rigoureux. Il loûë l'Evesque de Pergame d'avoir conservé
la pureté de ses mœurs au milieu
de ceux parmi lesquels il vivoit :
il fait mesme l'éloge de sa Foy :
mais il le blasme d'avoir trop pa-
tiemment souffert des esprits gas-
tez par leur doctrine, & qui en
gastoient d'autres.

L'Evesque de Sardis estoit un
C v

homme de bien : mais parce que
ſes œuvres n'avoient pas toute cette plenitude , & toute cette ferveur qu'il faut pour paroiſtre vi-
vantes devant Dieu , il le preſ-
ſe de ſortir de ſon aſſoupiſſement , & de ranimer le reſte de
ſa vertu qui ſembloit mourante.
Il reproche à l'Eveſque de Laodi-
cée ſa tiédeur : car il laiſſoit éteindre l'eſprit de ferveur , dont ſes
actions n'eſtoient preſque plus accompagnées : celuy qui eſt tiéde
eſtant incomparablement plus in-
ſupportable à Dieu, que celuy qui
eſt froid. Et voila de quelle maniére le Sauveur du monde trai-
toit des gens qui n'eſtoient , ce
ſemble , encore que novices en la
Foy : parce qu'en ayant receû les
prémices , on leur demandoit plus
de ferveur, car la grandeur du don
exige la grandeur de la correſpon-
dance. C'eſt ainſi que la Foy nous
oblige à eſtre d'autant plus vigilans, qu'elle eſt plus gratuite &
plus abondante : & que la bonté

*Utinam fri-
gidus eſſes,
aut calidus :
ſed quia tepi-
dus es , inci-
piam te evo-
mere. Apoc. 3.
15.*

mefme que Dieu a pour nous, nous
doit tenir dans l'humiliation &
dans la crainte, fi nous eftions affez
malheureux pour n'y pas répondre.
Et cette verité paroiftra encore
mieux dans la conduite des jugemens de Dieu fur les Juifs.

CHAPITRE V.

*Que c'eft particuliérement en of-
tant la Foy aux Juifs, que
Dieu a puni leur infidélité à
fes graces.*

L Es Juifs, cette nation autrefois fi cherie de Dieu, fut d'autant plus fevérement punie, qu'elle
avoit efté plus tendrement aimée.
Ce fut le peuple que Dieu fe for-
ma luy-mefme pour célebrer fa
gloire : ce peuple de la promeffe
faite à Abraham, comme dit Saint
Paul : ce peuple à qui Dieu avoit
deftiné fa Loy, fon alliance, fon
culte, fes récompenfes, de qui les

*Populum if-
tum formavi
mihi, laudem
meam narra-
bit. Ifaï. c. 43.*

Ifraëlitæ, quorum adoptio est filiorum, & gloria, & testamétum, & legiflatio, & obfequiû, & promiffa. Rom. cap. 9.

Patriarches , dont Dieu prenoit plaisir de s'appeller le Dieu, luy qui l'estoit de tout le monde, estoient les peres, & desquels est sorti selon la chair ce JESUS-CHRIST élevé au dessus de tout, comme parle ce mesme Apostre. Ce peuple favori, à qui Dieu ne se fit connoistre que par des miracles, & qui ne fut delivré de la captivité d'Egypte que par des prodiges. Car la mer s'ouvrit sous leurs pieds pour leur donner passage dans leur fuite; la terre la plus

Obliti funt benefactorum ejus, & mirabilium ejus, quæ oftendit eis. Pfal. 77.

féche, les rochers les plus durs distillerent en fontaines & en ruisseaux, pour les defalterer dans leur soif: l'air pleuvoit de la manne pour les nourrir dans le desert: il semble que tous les élemens conspiroient à les servir, & que toute la nature combatoit sous leurs estendars pour défaire leurs

Perquire fi eft aliqua iniquitas eorum in confpectu Dei, quoniam tradet illos:

ennemis. *Sçachez*, disoit Achior au Général des Assyriens, *si ce peuple que vous allez attaquer, a offensé son Dieu: car autrement vous ne le surmonterez pas : leur Dieu combatra pour eux, & nous serons deshonorez par tout le monde.* Enfin il n'y eût jamais de peuple plus favorisé du Ciel.

Dieu qui les aimoit, les avertit de demeurer en leur païs, pour luy estre fidelles : ils n'en font rien : ils passent en Egypte, il leur pardonne cette faute, à condition qu'ils ne se laissent pas corrompre aux Epyptiens naturellement adonnez à l'impiété & à l'idolatrie : ils ne luy obéïssent pas ; ils fuïent Dieu, lors qu'il les appelle, il court aprés eux, lors qu'ils le fuïent : il les traite comme un bon pere traiteroit un fils d'un méchant naturel. Moyse envoyé du Ciel pour estre leur liberateur, quitte le Palais de Pharaon, renonce à la Couronne qu'on luy presente, pour aller vers ce peuple affligé, pour prendre part à ses peines, & pour les en delivrer. Ce mesme Dieu toûjours bienfaisant envers ce peuple dur & rebelle, envoye Ezéchiel dans Babylone, & Jeremie dans l'Egypte, pour confoler ces affligez dans leur feconde captivité : il ne défend à Jeremie de le prier, que pour l'y exciter encore davantage. *Ne me priez point pour ce peuple, car je ne vous écouteray pas.* Que ne fait-il point enfin, pour les rappeller de leur égarement ? Mais c'eftoient des malades entiérement incurables, qui s'opiniaftrant dans leur defordre, ne laiffoient pas que de murmurer comme des ingrats contre tant de bonté. Ils blafphemoient le nom de celuy qui les combloit de biens : ils couroient aprés de fauffes divinitez, pour les mettre en la place de leur veritable Dieu, & pour les adorer par un efprit d'impiété & de fervitude, parce que ce n'eftoit qu'en efclaves qu'ils pechoient, abandonnant leur Dieu qui ne les abandonnoit pas.

Rappellez au moins, peuple infidelle, dit Saint Chryfoftome, le souvenir des bontez de Dieu fur

Noli orare pro populo hoc, & non obfiftas mihi, quia non exaudiam te. Ierem. cap. 7.

Chryfoft. Ser. 19. in cap. 11. epift. ad Rom.

nous, auſſi-bien que de ſes miſe-
ricordieuſes ſevéritez, pour ranimer les ſentimens de voſtre reconnoiſſance. Vous eſtes deſcendus
dans l'Egypte, dont Dieu vous
retira, par tant de merveilles, deux
cens ans aprés, quoy-que vous vous
fuſſiez ſouïllez de tous les crimes
où les Egyptiens eſtoient ſujets.
Vous avez adoré le Veau d'or, auſſi-
toſt que vous avez eſté delivrez
de voſtre ſervitude, oubliant celuy qui venoit de vous en delivrer. Vous avez immolé vos enfans à des Idoles : vous avez pro-
fané le Temple de Dieu ; vous
vous eſtes abandonnez à tous les
crimes : vous avez rempli les mon-
tagnes, les foreſts, les ruiſſeaux,
les fontaines, les riviéres, les val-
lons, les campagnes de vos déteſ-
tables impiétez : vous avez ſouïl-
lé le Ciel & la terre de vos or-
dures ; vous avez tué les Prophétes du Seigneur, vous avez ren-
verſé ſes Autels : & aprés voſtre
ſeconde ſervitude en Babylone,

Dieu vous ayant rendu voſtre premiére liberté, voſtre patrie, voſtre Temple, vos cerémonies, vous
ayant renvoyé de nouveaux Prophetes, & fait de nouvelles graces :
vous n'avez pas laiſſé de retomber
dans vos premiers égaremens, &
par de nouvelles infidelitez, ſous
l'impie Antiochus, en imitant la
vie & les mœurs des payens. Ce
fut encore alors, que Dieu vous
ayant livré à vos ennemis, ſuſci-
ta de nouveau les vaillans Maca-
bées, pour vous en retirer.

Mais toutes ces marques d'une
paternelle bonté, ne peuvent rapeller à leur bon ſens ces eſprits
égarez : la dureté de la ſervitude,
la longueur de tant de captivitez
réiterées, les guerres, les famines,
les maladies, & tous les fleaux de
la colere divine eſtant inutilement
épuiſez pour dompter ce peuple
dur & rebelle, & Dieu laſſé luy-
meſme de ſa propre clemence à
leur égard, les rejetta enfin de
devant luy comme des abomina-

bles : & il les punit du plus terrible de ses chastimens, en les a-
bandonnant à eux-mesmes, & à
leur incrédulité. Ce fut ainsi que
cherchant à établir leur propre justice dans la justice de leurs œuvres exterieures, ils ne voulurent
pas s'assujetir à la justice de Dieu,
qui est celle de la Foy, ne cherchant qu'à devenir justes par l'esprit de la Loy. L'humilité de Jesus-Christ les scandalisa,
parce qu'ils estoient superbes : &
l'orgueil de leur esprit ne pouvant gouster un si grand abbaisse-
ment, ils heurterent contre cette
divine pierre, qui fut le comble
de leur malheur : Car par le plus
grand de tous les aveuglemens,
dit Saint Augustin, ils ne connu-
rent pas le Messie qui leur avoit
esté promis, & qui venoit de nais-
tre parmi eux. Les Mages, dit ce
Saint, guidez par une étoile, quittent leur païs pour venir le chercher : & ceux-cy qui l'ont trouvé
affectent de ne le pas connoistre.

Ces étrangers viennent exprés d'un païs éloigné pour adorer un enfant qui ne sçavoit pas encore parler, & les Juifs ses compatriotes le crucifient estant homme, & faisant des miracles pour leur salut : eux-mesmes qui avoient autrefois honoré l'ombre du Sauveur, en méprisent la verité : ce qui fut le dernier coup de leur malheur; car Dieu retira tellement son affection & ses graces de ce peuple, qu'ils voyoient les miracles que faisoit JESUS-CHRIST sans le connoistre : ils l'entendoient parler, sans sentir ce qu'il disoit : & leurs yeux furent tellement obscurcis, qu'ils ne voyoient plus, dit le Prophete. Ils furent les premiers à qui l'Evangile fut presché comme aux enfans de la maison, ainsi que les appelloit le Fils de Dieu luy-mesme. Et Saint Paul leur déclara qu'ils estoient aussi les premiers ausquels il falloit annoncer la parole de Dieu : mais puis qu'ils s'en estoient rendus indignes par le mé-

pris qu'ils en faisoient, ils l'alloient annoncer aux Gentils.

Ce fut par leur incrédulité que
cét ordre fut renversé. Ce peuple
promis à la Foy d'Abraham, fut
réprouvé : les branches de la veritable tige du Pere des croyans
furent rompuës : la Foy luy fut
oftée : on l'abandonna à ses ennemis, & il devint dans la suite des
temps le plus vil, le plus méprisé, le plus malheureux, le plus
abominable des peuples de la terre : en qui il n'est resté aucune
marque d'honneur, de pouvoir,
& d'autorité, ainsi que dans les
autres peuples : comme si les Juifs
estoient devenus esclaves, & le re-
but de toutes les nations. Ce fut
ainsi que leur injustice fit paroiftre encore plus la justice de Dieu,
comme dit Saint Paul. Voila juf-
qu'où alla le chastiment, dont l'incrédulité extréme de ce peuple fut
punie. On n'a qu'à consulter les
Prophétes pour y connoistre les
veritables causes de leur malheur.

dicatis æter-
næ vitæ, ecce
convertimur
ad gentes : fic
enim nobis
præcepit Do-
minus. *Act.*
cap. 13.

sprevit, & ad
nihilum rede-
git valdè If-
raël. *Pfal.* 77.

Ofée l'attribuë à leur avarice, à leur attachement aux richesses, & à un amour exceffif de leur intereft, dont ils s'eftoient fait une efpece d'idolatrie. Michée prétend que leur perte vint de ce qu'ils s'eftoient abandonnez à la conduite de certains guides qui les égaroient : parce qu'ils eftoient égarez eux-mefmes. Amos & Sophonias imputent leur malheur à leur dureté envers les pauvres, dont ils voloient le bien, pour baftir des maifons de campagne trop fuperbes & trop magnifiques. Baruc affeûre que ce fut leur orgueil qui les perdit, Ezechiel, leur inclination à l'impiété, Jeremie, leur préfomption, & leurs injuftices à l'égard de la veuve & de l'orphelin. Il n'y a prefque point de Prophéte qui ne marque quelque raifon particuliére de la punition de ce peuple : ce font des fcandales publics, des injuftices tolerées, des pauvres opprimez, la Religion profanée, le culte des Autels méprifé,

& tous ces sortes de crimes qui demandent vengeance devant Dieu, lors qu'ils sont autorisez, ou impunis devant les hommes.

CHAPITRE VI.

Que le Chrestiens seront encore punis plus rigoureusement que les Juifs, quand ils n'auront pas répondu fidellement aux graces que Dieu leur fait.

IL est évident que le Chrestien qui a esté traité plus favorablement encore que le Juif, sera aussi puni avec plus de rigueur. Il est vray que le traitement de l'un & de l'autre peuple a esté bien différent : ce ne fut que par l'entremise des hommes, ou tout au plus des Anges que Dieu parloit aux Juifs, comme l'a remarqué Saint Paul : mais c'est par luy-mesme, & par son propre Fils qu'il nous a parlé. Ce n'estoit que par la crainte & par la terreur qu'il conduisoit ce

Multis modis olim Deus loquens patribus nostris in Prophetis, novissimè diebus istis locutus est nobis in filio. Heb. cap. 1.

peuple né dans la servitude de l'ancienne Loy : & ce n'est que par
l'amour qu'il conduit le Chrestien
né dans la liberté de la Loy nouvelle. C'est la grandeur de cette
grace qui doit nous faire peur :
car s'il n'a rien servi aux Juifs
d'avoir receû des faveurs si spécia-
les, il ne servira de rien aux Chrestiens d'avoir eû part à de si grands
mystéres : si la perfection de leur
vie ne répond à la sainteté de ces
dons. Dieu qui favorisoit alors les
Juifs de si grandes graces est le
mesme qui nous en a fait d'infini-
ment plus grandes. Mais de mesme que ces graces faites aux Juifs
n'estoient que la figure des graces,
que Dieu a fait depuis aux Chrestiens : Saint Chrysostome asseûre
que les punitions dont Dieu a
chastié les Juifs, ne sont que les
ombres & la figure des punitions
qu'il exercera sur nous,

Ainsi si les Juifs ont esté punis
si rigoureusement pour n'avoir pas
eû une parfaite confiance en Dieu,

*Chrysost. in
Epist. ad Co-
rinth.*

de quel supplice ne nous punira-
t-il pas, si nous tombons dans la
défiance à son égard : puis que
nous avons sans comparaison plus
de sujet de nous fier à luy, que
n'en avoient les Juifs, ayant bien
plus de preuves de sa bonté & de
sa puissance ; de sa bonté, pour nous
combler de ses graces ; & de sa
puissance, pour nous proteger contre les ennemis visibles & invisibles
dont il nous a delivrez ? Malheur
donc au Chrestien, qui dans une
Loy aussi sainte qu'est celle dont
il fait profession, vit d'une maniére aussi terrestre que vivoit le
Juif dans l'ancienne loy, & qui
dans la sainteté de l'esprit interieur du Christianisme, n'a qu'u-
ne vertu Pharisienne & extérieure !
Malheur à ces esprits, qui dans
une Religion humble & soumise,
comme est la nostre, ne cherchent
Dieu que par la vanité de leur esprit, & par l'orgueil de leur raison & de leurs raisonnemens ! Qui
est le Chrestien, qui pesant le prix

Superbo si-
mul & ingra-
to animo re-
nitimur ci,cu-
jus imperium
beneficium
est. *Perald.*
tract. de Char.
ex D. Hier.

du don qu'il a receû, en devenant
fidelle, connoist l'outrage qu'il
fait à Dieu, en ne vivant pas con-
formément à une si grande grace?
Et que ne doit-il pas craindre
d'une bonté si grande, mais ou-
tragée? Car comme Dieu avoit
prétendu se faire dans la Loy de
grace un peuple qui fust plus parfait & plus saint, par la sainteté
de l'Evangile qu'il luy avoit donné, & qu'il destinoit à un culte
plus pur & plus spirituel: que de-
viendrons-nous, si nous sommes
assez infidelles pour ne pas répondre à une si haute vocation? Et
que nous serviront ces faveurs, si
non pour estre des marques encore plus éclatantes de nostre ingratitude? Il est vray aussi que nous
sommes bien coupables, si estant
appellez à une si grande perfection,
nous nous en rendons indignes
par la licence de nos mœurs, &
par le déréglement de nostre vie.

Avant la Loy nouvelle, Dieu demandoit peu de chose des hommes:

mes, parce que la tyrannie du peché estoit bien plus violente. Il per-
mettoit aux Juifs la jouïssance des
richesses, il toleroit l'usage des plaisirs, il accordoit à la colere une vengeance juste, enfin il usoit à leur
egard d'une indulgence, dont l'usage
est interdit au Chrestien : parce que
la Loy nouvelle en fortifiant la vertu de l'homme, a affoibli la violence du peché : & ainsi elle nous ordonne le pardon des injures, elle
nous conseille le mépris des grandeurs, la fuite des plaisirs, l'a-
mour de la pauvreté, le desir de
l'abjection & des souffrances : où le
Chrestien quand il a de la foy trouve
un tresor préferable à tous les tresors
du monde. *Aprés cela*, dit S. Paul,
*ne devons nous pas servir Dieu dans
la nouveauté de l'esprit, & non pas
dans la vieillesse de la Loy ?* Car
Jesus-Christ ne nous serviroit
de rien, si nous vivions dans l'imperfection où vivoient les Juifs :
aprés que nous nous sommes revê-
tus de luy, c'est-à-dire, de ses ser-

Nunc solúti
à lege servia-
mus in novi-
tate spiritus,
& non in ve-
tustate literæ.
Rom. cap. 6.

D

Quicumque
in Christo ba-
ptisati estis,
Christum in-
duistis.
Galat. cap. 3.

timens, de ses maximes, de son esprit par le Baptesme. C'est renoncer à la foy, que de renoncer à l'obligation, que nous avons de nous rendre conformes à luy, aprés la profession que nous en avons faite, en devenant Chrestiens. Rien n'est capable d'aigrir davantage la colere de Dieu, qu'une si grande infidelité. C'est ce qui irrite sa justice; laquelle estant une fois émeûë, va bien loin au-delà de la justice des hommes : elle a mesme ses secrets & ses abysmes, que nostre esprit ne peut sonder; car c'est toûjours en Dieu qu'il punit. Et qui nous peut

Quis resistit
ei, & pacem
habuit?
Iob. cap. 9.

mettre à couvert contre sa puissance, qui peut estre en seûreté en luy résistant ? Et sans nous amuser à rechercher des vestiges de sa colere & de sa vengeance, pour nous en former des idées, nous n'avons qu'à parcourir ces images affreuses, & ces effroyables peintures, que Saint Jean nous a tracées dans l'Apocalypse, où cét Apostre nous marque en énigmes, & sous les ombres my-

sterieuses de quantité de figures les
châtimens & les supplices, que Dieu
prepare aux mauvais Chrestiens:
car ce n'est qu'eux que regarde la
suite de cette terrible Prophetie.
Ces signes si prodigieux , qui paroissent au Ciel ; ces étoilles deta-
chées du firmament ; ces changemens dans le Soleil & dans la Lune ;
ces playes profondes , dont les Anges vengeurs menacent les hommes ; cette horrible prediction ,
qu'il n'y aura plus de temps ; cette
malediction épouventable , que les
Ministres de la Justice de Dieu pro-
noncent sur la terre ; cette foule de
mal-heureux qui adorent la beste ;
ces tenebres répanduës dans l'ame
de ceux qui s'y sont laissé seduire ;
la confusion de cette Babylone du
monde , & l'état déplorable de ceux
qu'elle a corrompus en leur faisant
goûter ses faux plaisirs ; la grandeur
de la vengeance que Dieu tirera de
ses adorateurs ; & cette épaisse nuée
du feu de leurs tourmens , qui s'éle-
vera dans tous les siécles ; l'indigna-

tion de l'Agneau contre ceux qui se font rendu son sang inutile ; l'endurcissement dont la main de Dieu frappe le cœur des hommes ; ces phioles pleines de la colere divine ; ce dragon devorant ; cette couppe de vin de l'indignation & de la fureur deDieu ; cette corruption generale du monde : enfin toutes ces terribles expressions de colere dont ce livre est plein, devroient jetter la frayeur dans nos ames à la seule idée que la Foy nous donne de ces supplices, que Dieu prepare aux infidelitez des Chrestiens des derniers siecles, & au seul projet d'une si effroyable vengeance.

Mais ne nous arrestons point aux punitions, que la Justice de Dieu exercera sur les Chrestiens peû fideles à leur Loy : aussi bien sont ce des veritez en core cachées en ce Livre scellé des sceaux de l'Agneau, & dont le mystere ne se manifestera que dans la suite des siecles. Considerons ce qui est déja arrivé ; & en voyant combien de differens peu-

Scribe ergo quæ vidisti, & quæ oportet fieri postea.
Apoc. cap. 1.

ples ont perdu déja la Foy, dans le Chriſtianiſme, pour un ſeul peuple parmi les Juifs, commençons à comprendre par là, de combien la ſeverité de Dieu a eſté plus terrible ſur les uns que ſur les autres. Car ce n'eſt qu'un païs auquel Dieu a oſté la Foy, quand ce malheur eſt arrivé à la Judée : mais c'eſt à un nombre preſque infini de païs & de Peuples, auſquels il a oſté cette lumiere celeſte, dans les ſiecles qui nous ont precedez, & à qui il continuë de l'oſter encore tous les jours. Nous n'avons qu'à faire reflexion à à ce qui ſe paſſe autour de nous, & à conſiderer l'étrange conduite des jugemens de Dieu ſur nos voiſins : & ſi nous avons encore quelque reſte de cette divine lumiere qui nous a fait Chreſtiens, ſoyons ſaiſis d'effroy à la veuë d'une ſi redoutable punition. Car enfin qu'eſperons-nous devenir nous autres, qui ſommes parvenus à ces derniers temps predits par Moyſe, auſquels tant de malheurs doivent arriver au monde , & ces

Occurrent vobis mala in extremo tempore.
Deut. cap. 31.

D iij

Abundabit
iniquitas
quoniam re-
frigescet cha-
ritas.
Mat. cap. 24.

temps prophetifez par le Fils de Dieu aufquels l'iniquité fera parve-nuë à fon dernier excés. Nous qui avons perdu l'efprit de ferveur par la vieilleffe & par la corruption de ces derniers fiecles, prétendons-nous pouvoir nous foûtenir contre l'égarement du fiecle, & contre le torrent de l'infidelité ? Car aprés que ces Peuples fortunez des pre-miers fiecles, ces Nations inftruites à la Religion par ceux qui en ont efté les Fondateurs, ces terres culti-vées par leurs mains, & comblées des benedictions du Ciel que leur vertu y attiroit ; aprés que ces Villes d'Antioche & d'Alexandrie, ces heureufes contrées qui ont fourni à l'Eglife tant d'illuftres Martyrs, & tant de Saints Confeffeurs, qui ont peuplé les deferts de l'Egypte de tant de Solitaires ; aprés que ces grandes Provinces fanctifiées par les penitences de tant d'Anacoretes, & arrofées des fueurs & du fang de tant de Fideles ; aprés que les Villes les plus fameufes de la Grece & les

païs les plus florissans de l'Asie, qui
ont donné tant de sçavans hommes,
tant de Docteurs, & tant de Peres
à la Religion pour la défendre ;
aprés, dis-je, que ces vastes Royaumes si riches autrefois en sainteté
& en vertu, si fertiles en benedictions du ciel & de la terre, sancti-
fiez, pour ainsi dire, par les premices de la grace de la Loy nouvelle, ont enfin perdu la Foy, &
sont devenus infideles : que pou-
vons-nous attendre de la molesse &
du relachement où nous vivons ?
Esperons-nous que des païs glorieux
d'avoir porté les Athanases, les Ba-
siles, les Gregoires, les Chrysosto-
mes, les Antoines, les Spiridions,
& tant d'autres grands personnages,
qui ont passé dans l'Eglise pour des
prodiges de doctrine, & pour des
miracles de vertu, benis par leurs
instructions & par leurs exemples,
soient plus mal traittez que les païs
où nous vivons ? Presumons-nous
estre privilegiez par dessus ces peuples, avec ces excés où la delicatesse
D iiij

de nos mœurs a porté le luxe, avec le
dereglement de noſtre conduite ,
avec l'inutilité de nos occupations ,
& l'employ du temps aux choſes
frivoles , qui ne nous eſt donné que
pour penſer à noſtre ſalut ? Et ſommes nous aſſez aveugles , & aſſez
dépourvûs de ſens, pour nous croire en aſſurance dans l'état déplorable , où la licence de la fin des ſiecles a reduit parmi nous la Religion, contre des jugemens de Dieu
ſi épouvantables : & pour ne pas
trembler à la veuë de ſi funeſtes , &
de ſi terribles revolutions , qui ſemblent nous menacer de tous coſtez ,
par l'eſtat où nous ſommes, peu dif-
ferent de celuy, où eſtoient ces Peuples qui ont perdu la Foy , avant
que de la perdre ? Sans entrer dans le
ſecret de ces jugemens, la diſpoſition où l'on eſt aujourd'huy tou-
chant la Religion , ces langueurs
dans tous les exercices de pieté , ces
égaremens d'eſprit, ces endurciſſe-
mens de cœur , cét aſſoupiſſement
dans le deſordre , ces ſcandales to-

lerez, ces injuſtices autoriſées, ces abominations ſecretes, & ce debordement univerſel de tant de crimes ou nous vivons, ont eſté les degrez par leſquels les peuples qui ſe ſont perdus ſont enfin parvenus au comble du malheur où ils ſont tombez.

CHAPITRE VII.

Que cette conduite de Dieu ſur les hommes, d'oſter la Foy aux uns, pour la donner aux autres, eſt d'autant plus terrible, qu'elle eſt juſte.

LA Foy ayant eſté publiée aux hommes ſucceſſivement, il ne faut pas douter que cette conduite ne ſoit plus glorieuſe à Dieu, puis qu'il l'a preferée à toutes les autres. Car ſi la lumiere de la Foy avoit eſté donnée au monde comme celle du Soleil, un ſi grand bien-fait auroit perdu de ſon prix en devenant ſi commun : & le merite en ſeroit en quelque façon diminué , si tout le monde eût crû à mesme temps , parce que le consentement universel de tous les peuples auroit facilité la difficulté qu'il y a de croire : & alors il auroit esté aussi honteux de manquer de Foy , que de manquer de sens. Ces raisons & d'autres sans doute , qui nous sont inconnuës , ont obligé Dieu de partager ses lumieres : mais aussi de se faire connoistre à tous les hommes aux uns aprés les autres : & dans les Loix ordinaires de sa Sagesse , il semble qu'il ne pouvoit en user autrement , pour justifier sa Providence.

Car comme il n'est pas un Dieu particulier , qu'il l'est des Payens , & des Infideles , comme il l'est des Juifs & des Chrestiens : il est de sa Justice de se faire connoistre à tous , estant le pere commun de tous. Croyez-vous, disoit S. Paul aux Romains, que le Dieu que nous adorons ne soit que le Dieu des Juifs, ne l'est il pas aussi des Gentils,

Car *il n'y a qu'un seul Dieu qui ju-*
stifie par la Foy le circoncis & l'in-
circoncis. Et c'est aussi ce que disoit
cét Apostre aux Atheniens : *il don-*
ne la foy à tous, estant le Pere de
tous.

Ce qui est vray mesme, dit-il,
sans distinction des Iuifs & des
Gentils : parce qu'il n'ont tous qu'un
mesme Seigneur, qui répand ses ri-
chesses sur tous ceux qui l'invo-
quent. Et quoy que l'Apostre ne se
serve de ce raisonnement, que pour
réprimer l'orgueil des Juifs, qui
croyoient estre le seul peuple pri-
vilegié par-dessus les autres peuples, en leur faisant voir cette éga-
lité avec laquelle Dieu distribuë ses
richesses indifferemment sur tous :
Saint Chrysostome ne laisse pas de
se servir du mesme raisonnement
pour prouver l'interest qu'à Dieu
de se faire connoistre à tous les
hommes. *Comment,* dit-il, *l'A-*
postre pouvoit-il mieux expliquer
l'ardent-desir qu'a Dieu de nostre
salut, qu'en faisant voir qu'il le

D vj

Fidem præ-
bens omni-
bus.
Act. cap. 11.

Non est di-
stinctio Ju-
dæi & Græci,
nam idem
Dominus
omnium, di-
ves in omnes
qui invocant
illum.
Rom. cap. 10.

Chrysost Serm.
17. *in Epist.*
ad Rom, c. 10.

considere comme ses propres richesses. Et Dieu regardant nostre salut comme son tresor, pourroit-il cesser de devenir toûjours riche de plus en plus, en se faisant connoistre à tous? Car c'est en cela que consiste ses richesses, de répandre le don de la Foy, & de ses graces sur les hommes. Il est donc & de sa Justice & de son interest d'en user ainsi. C'est aussi ce que le Pere avoit promis au Fils, par son Prophete en l'establissant son heritier : *Ie vous donneray tous les peuples de la terre pour vostre heritage.*

Il est redevable aux Nations les plus farouches & les plus sauvages comme aux plus raisonnables, & aux plus polies : parce qu'il est le Seigneur des unes & des autres. Il est vray aussi que dans la premiere Loy il a parlé également à tous les hommes, en s'expliquant à eux par la voix des Creatures & par la lumiere de la raison naturelle. Car le Ciel a annoncé sa gloire à tous ceux qui se sont donné le loisir de le con-

fiderer avec une attention un peu
tranquille & fans préoccupation :
ils y ont obfervé cét ordre , & cette
harmonie de toute la nature, qui
publie le pouvoir du Createur : ils
y ont remarqué cette fucceffion fi
réglée des faifons, & cét admirable arrangement de toutes les par-
ties de l'Univers. Rien enfin n'a
efté muët à l'égard de ceux qui fe
font rendus attentifs à ces merveilles, pour y découvrir la main de
leur Auteur, & s'y foûmettre par la
force feule de leur raifon.

Mais parce qu'ils ont fait un ufage honteux de ces lumieres, qu'ils
ont préferé la beauté des creatures
à celle du Createur, & qu'ils ont
mieux aimé adorer les Dieux qui fe
font fait eux-mefmes, que d'adorer celuy qui les avoit faits ; qu'ils
fe font égarez dans la vanité de leur
raifonnement, & que leur cœur
deftitué d'intelligence s'eft remply
de tenébres : Dieu a efté obligé de
fe faire connoiftre d'une maniere
plus claire, & plus diftincte aux Juifs

In præteritis
generationi-
bus dimifit
Deus omnes
gentes ingre-
di vias fuas.
Act. cap. 14.

& aux Chreſtiens. Mais parce qu'enfin ils ont encore abuſé d'une ſi
grande grace, & qu'ils n'y ont pas
répondu fidellement : il s'eſt retiré
d'eux pour chercher d'autres Peuples plus fideles, parmi des Nations qui ne le cherchoient, ni ne
le connoiſſoient pas. Et c'eſt l'état
où le décrit le Prophete Iſaïe : *J'ay tendu les bras les jours en-
tiers à un Peuple qui ne croyoit pas
en moy, & qui ne me connoiſſoit
pas.*

Et c'eſt par cette ſeverité qu'il
fait éclater les traits de ſa bonté,
qu'il ne rebute les uns que pour
faire grace aux autres, & qu'il a
voulu, dit S. Paul, que tous fuſſent envelopez dans les tenébres de
l'incredulité, pour faire grace à
tous. Ce fût ainſi qu'il oſta ſes lumieres aux Juifs, pour ſe faire connoiſtre aux Gentils ; qu'il a déja
abandonné tant d'Etats & tant de
Royaumes dans l'Europe, pour re-
veler ſon nom aux contrées, &
aux Nations de l'Amerique les plus

reculées ; & que pendant que tant
de gens de qualité quittoient sa Religion en France sur la fin du dernier
siécle, le nombre des personnes de
la Cour, qui donnerent leur nom
aux Magistrats pour estre martyrisez
au Japon, fût si grand que les Ministres n'oserent en avertir l'Empe-
reur, & que les enfans pleuroient,
pour se faire promettre par leurs
meres de les mener avec elles au
martyre. C'est ainsi que les momens
de sa colere pour nous, seront un
jour les momens de sa misericorde,
pour un Peuple qui n'est peut-estre
encore qu'en idée dans les secrets
incomprehensibles de ses jugemens
selon la Prophetie de David, *Il*
naistra un Peuple, qui loüera le
Seigneur : parce que la pluspart des
Peuples qui sont nez, ne le loüent déja presque plus, & ne croyent plus
en luy. Et voilà ce qui doit nous obliger à nous écrier encore plus juste-
ment que S. Paul : *O abysme, ô*
profondeur des tresors de la Sagesse
& de la Science de Dieu, que vos

jugemens sont impenetrables, &
que vos voyes sont incomprehensibles! Il est vray que sa colere est
lente, qu'il attend des siécles en-
tiers pour faire misericorde : mais
enfin quand sa clemence est lassée,
par la longueur de sa patience, il
fait éclater son indignation & sa
vengeance, en abandonnant impi-
toyablement ceux qui le méprisent.
Et c'est sur ce principe que s'accom-
plira cette Prophetie terrible du
Fils de Dieu : *Que plusieurs vien-*
dront d'Orient & d'Occident, &
auront leurs places dans le Royau-
me des Cieux, avec Abraham,
Isaac & Iacob : & les enfans du
Royaume seront jettez dans les te-
nébres exterieures.

Une conduite si sage n'est pas
seulement necessaire pour justifier
la Providence de Dieu sur les hommes, qui n'ayant tous qu'un mesme pere, & un mesme Seigneur,
ont le mesme droit de pretendre
quelque part en ses misericordes :
elle l'est encore plus pour exciter

noſtre vigilance dans l'exercice de
noſtre Foy, & pour reveiller noſtre
fidelité; afin que n'eſtant point en
ſeureté, nous ſoyons au moins dans
la crainte : & pour convaincre
l'homme, par cette eſpece d'humiliation, que ce n'eſt ni par ſon induſtrie, ni par ſon merite qu'il **a**
la Foy, mais par la pure miſericorde de Dieu. Comme donc c'eſt
preſque tomber que de croire, qu'on
ne puiſſe tomber : c'eſt en quelque
façon avoir perdu la Foy que de
preſumer qu'on ne la puiſſe perdre.
Car comme ce n'eſt que par nos
chûtes, & par nos foibleſſes, que
Dieu prend plaiſir à nous faire reconnoiſtre noſtre infirmité, & le
beſoin perpetuel que nous avons
de ſon aſſiſtence : ce n'eſt auſſi que
par la crainte, que nous devons
ſans ceſſe avoir de perdre la Foy,
ou d'en laiſſer diminuer la ferveur,
que nous ſommes obligez à veiller
pour la conſerver. Car ce n'eſt ſouvent que par la tiedeur, & par la
negligence qu'elle eſt en danger de

se perdre. C'est ainsi que Dieu nous
tient dans la deffiance de nous-mesmes, pour animer la confiance que
nous devons avoir en luy ; qu'il nous
humilie par les inquietudes que
nous cause nostre fragilité, pour
exciter nostre vigilance ; & que par
la vertu de sa Toute-Puissance il
tire le merite & la solidité de nostre
Foy, de sa propre obscurité & de
ses tenebres. Entrons dans une conduite qui nous est si avantageuse :
répondons aux desseins que Dieu a
sur nous : cultivons nostre Foy par
nostre fidelité, & par nostre recon-
noissance : afin que selon la pensée
du Prophete les misericordes qu'il
nous fait luy rendent graces, par
une fidele correspondance à ses bontez : & que nous puissions entendre
de la bouche du Seigneur, au jour
qu'il nous appellera ; *Bien-heureux
le serviteur que le Maistre trouvera veillant quand il viendra.*

Car enfin nous ne pouvons pas
ignorer qu'il y a un œil invisible
toûjours ouvert sur nous, qui pene-

tre le fonds de nos cœurs : pour y
découvrir, & pour chastier nos ne-
gligences. Prevenons donc ce malheur par une attention fidele & par
une vigilance sainte. Craignons
sur tout dans les temps où nous vivons, cét esprit de paresse & d'assoupissement si fatal aux derniers siécles, où le rélachément des mœurs
est plus ord naire , & dont nous
voyons les funestes effets qui nous
environnent de tous costez. Considerons tant de Peuples, qui par une
secrete disposition des jugemens de
Dieu ont déja apostasié de la Foy ,
& ont renoncé à la Religion : & con-
cluons que cette conduite de Dieu
sur les hommes, pour les tenir attentifs à leur devoir est avantageuse
à sa gloire , parce qu'elle est une
justification de sa justice. Et il est à
craindre que Dieu pour punir la licence des mœurs où l'on vit à present dans le rélachement où est la
Religion , ne nous abandonne enfin comme ces Peuples qu'il a lais-
sez sans aucun sentiment de piete ,

& comme ceux qu'il laiſſe dans li-
gnorance de ſon Nom. Ce qui eſt
la derniere verité que je m'étois
propoſée à examiner.

CHAPITRE VIII.

Du rélachement de la Foy des der-
niers Siécles.

LA pureté de la Religion, toute
incorruptible qu'elle eſt en elle meſme, ne laiſſe pas de ſe flétrir,
& de s'alterer dans le declin des
temps parmi les Fidéles. Soit que
tout ce qui ſe paſſe par l'eſprit de
l'homme contracte de l'impureté,
& qu'il ſe gliſſe de l'imperfection en
tout ce qu'il fait, meſme dans les
choſes les plus ſaintes ; ſoit que naturellement on ſe laſſe dans l'exercice de la vertu, par l'oppoſition
qu'elle a aux inclinations naturelles ; ſoit enfin que la grace ait attaché de la ferveur à l'eſprit nouveau
du Chriſtianiſme dans les premiers
ſiécles de l'Egliſe, qui ſe ſoit refroi-

di dans les derniers : il eſt évident
que le rélachement de nos mœurs
eſt un effet de la vieilleſſe. Car combien avons-nous veû d'Ordres ſaints
dans leur origine, fervens dans
leurs commencemens, admirables
dans leurs progrés, & parvenus à
une haute perfection, avoir enfin
dégeneré dans la ſuite, en une diſ-
ſolution ſi effroyable, qu'on n'y re-
connoiſſoit aucun veſtige de leur
premier eſtat : parce que l'inconſtance eſt une des foibleſſes des
plus ordinaires à l'homme. Nos Hi-
ſtoires ſont remplies de pareils
changemens. Combien l'Egliſe mé-
me qui eſt immuable dans ſes
maximes par la fermeté de ſon
fondement qui eſt JESUS-
CHRIST, a-t-elle reſſenti d'altera-
tion dans ſes membres ! Et ſans
rémonter aux premiers ſiécles, où
ces viciſſitudes, bien que plus ra-
res, n'ont pas laiſſé de paroiſtre,
quoy que les premices de la Foy,
qui y eſtoit recente, deuſſent les en
preſerver : combien avons - nous

veû dans ces derniers temps d'Egli-
ses particulieres en l'Europe tomber en l'erreur par un juste mais
terrible jugement de Dieu ? Et
quoy que ce ne soit pas à nous à examiner les raisons de ce jugement,
que nous ne devions avoir que des
sentimens de respect pour des secrets si rédoutables, & adorer une
conduite si cachée : nous pouvons
toutefois pour nostre instruction
particuliere, examiner par quel égarement ces Peuples sont tombez
dans un précipice si funeste, & quelle a esté la cause de leur malheur.

Nous apprenons des Prophetes
que les Juifs perdirent la Foy, par
la pente effroyable qu'ils avoient à
l'Idolatrie : parce qu'ils estoient si
sensuels jusque dans le culte de leur
Religion, qu'ils aimoient mieux a-
dorer les divinitez, toutes fausses qu'-
elles peussent estre, qu'ils voyoient,
que le vray Dieu qu'ils ne voyoient
pas. Tous les chàtimens dont leur
égarement fût puni ne les ayant
peû guerir, Dieu les abandonna à

leur aveuglement. Et sans chercher d'autre cause de leur perte : comme le panchant qu'ils avoient à l'Idolatrie a esté une des sources principales de leur malheur, on peut dire que l'inclination effroyable de la pluspart des Chrestiens des derniers siécles à rechercher & à aimer tout ce qu'il y avoit de nouveau sur la Religion a esté une des plus grandes raisons de l'apostasie qu'ils ont faite dans la Foy. Car les opinions nouvelles que l'erreur invente & debite sous des couleurs convenables à la sensualité des hommes, sont en quelque façon comme ces eaux derobées dont parle le Sage, qui semblent plus douces aux petits esprits, lesquels preferent le poison agreable du mensonge à l'amertume salutaire de la verité. C'est le vice le plus ordinaire de l'homme de chercher par un amour d'independance, à se dérober à Dieu, & à la soumission naturelle qu'il doit avoir pour son Empire.

Ce fût par cet amour de la nou-

veauté dont **W**iclef donna la premiere impreſſion aux eſprits de ſon
païs, pour me renfermer dans les
deſordres des derniers ſiécles, & par
cette curioſité ſi fatale à la Foy,
que la Religion ſe perdit depuis en
Angleterre. La Hongrie, la Bohéme,
& preſque toute l'Allemagne ſuivi-
rent cette miſerable deſtinée ; & ce
fut par le même eſprit que Jean Hus,
Jerôme de Prague, Luther, Carlo-
ſtade, Zuingle, & ces autres Here-
ſiarques, y répandirent le poiſon
de leur doctrine, & toutes ces per-
nicieuſes nouveautez dont ce païs-
là fût miſerablement infecté. Que
diray-je du Danemarc, de la Sue-
de, d'une partie de la Pologne,
& de tant d'autres contrées du
Nort, qui ſont tombées dans le même malheur : ſans parler de diver-
ſes Provinces des Païs-Bas & de la
France où Calvin fit gliſſer ſon erreur ? Il eſt vray que ce n'eſt d'ordinaire que par dégrez qu'on parvient
à cette extremité, & que Dieu
qui eſt miſericordieux juſques dans
ſes

Non delecta-
ris in perdi-
tionibus no-
ſtris.
Tob. cap. 3.

ſes coleres, & qui ne chaſtie les pecheurs que pour les guerir, n'en
vient là luy-meſme qu'aprés avoir
épuiſé tous ſes autres chaſtimens.
Ce n'eſt qu'aprés que la tribulation
& les ſouffrances, qui ne ſervent
dans le deſſein de Dieu qu'à affermir la Foy, l'ont encore plus affoiblie : & aprés que tous les remedes
de ſa patience & de ſa miſericorde
devenus ſteriles ne ſervent qu'à endurcir le pecheur. C'eſt en Pere ou
en Medécin qu'il punit d'ordinaire,
ou pour chaſtier ou pour guerir ceux
qu'il punit : mais c'eſt en Maiſtre &
en Juge irrité qu'il chaſtie de ce
dernier ſupplice : & que par un ren-
verſement effroyable il aveugle
ceux qu'il éclairoit ; & au lieu des
veritez dont il leur faiſoit part, il
les abandonne à l'erreur & au
menſonge, comme dit l'Apoſtre.
C'eſt alors qu'on n'écoute plus ſa
parole, qu'on n'a plus de creance
qu'à des Impoſteurs : & que par un
endurciſſement de cœur, on ferme
les yeux à la lumiere, & l'on ne

E

Nunquã ſic
ſævit Deus,
ut perdat: tri-
bulationes fla-
gella ſunt cor-
rigentis , ne
ſit ſententia
punientis.
Aug. in Pſ 93.

Miſera diſci-
plina ſuper fi-
lios Adam
puniens non
purgans , cõ-
tetens non
protegens ,
conſumens
non conci-
lians.
*Gilb. Abb.
In Iſ.*

Miſit illis De°
operationem
erroris , ut
credant men-
dacio.
Theſſ. 2. 2.

Hæc eſt gens
quæ non au-
divit vocem
Dei ſui , &
non recepit
diſciplinam :
periit fides,
& ablata eſt
de ore eorũ.
Ierem. c. 7.

marche plus que de précipice en précipice.

Les dégrez de ce changément si
déplorable qui se fait dans tout un
païs, où de Chretien on devient
Infidele, ne peuvent mieux se remarquer qu'en ce qui se passe dans
les particuliers, qui par le déreglément de leurs mœurs, ou par l'ega-
rément de leur esprit sont si malheureux que de perdre la Foy. Car ce
n'est d'ordinaire qu'après des incer-
titudes long-temps fomentées, des
deffiances entretenuës, des doutes
autorisez, des indifferences affe-
ctées sur tous les devoirs les plus
essentiels de la devotion ; après des
déreglémens secrets dans toute la
conduite de la vie ; après des playes
profondes dans l'ame par l'habitude au peché, des langueurs, des foiblesses, des froideurs dans la volonté, pour tout ce qui regarde l'e-
xercice de la Religion. On commence alors à balancer entre le
present & l'avenir : on préfere encore les biens futurs aux presents

dans l'idée ; mais dans la pratique
on prefere les presens aux futurs,
dont on a perdu le goust en perdant
celuy de la pieté. De cét abandon à
la vie sensuelle, & à l'amour du
monde, on tombe dans l'endurcissement de cœur : & de l'endurcissement dans les tenebres d'un aveuglement profond l'autant plus in-
curable qu'il devient volontaire.
C'est par cét aveuglement funeste
qu'enfin on perd entierement la Foy.
Mais ce dernier malheur devient
tout à fait sans remede, quand
c'est un Peuple entier, un Etat, un
Royaume qui la perd. Car un particulier en tombant dans l'egare-
ment, trouve au moins à ses costez
des gens qui croyent, & qui peuvent servir à le redresser. Mais
quand on est environné d'aveugles de tous costez, qu'on est au-
thorisé dans le mal par l'erreur de
ceux avec qui l'on vit ; que tout le
Public, que vos connoissances, vos
amis, vos proches, vos guides, vos
maistres, vos superieurs sont éga-

rez comme vous : il n'y a plus de
resource à voſtre mal : c'eſt un abyſme qu'on ne peut regarder de ſang
froid ſans eſtre effrayé, tant il eſt
horrible ; & qu'on ne peut auſſi d'un
autre coſté trop conſiderer, pour
en concevoir aſſez d'horreur, ſur-
tout dans un temps où la pente au
libertinage & à l'incredulité eſt ſi
effroyable, qu'on ne peut en dé-
plorer les funeſtes ſuites avec trop
de larmes & de gemiſſemens.

Car où voit-on aujourd'huy des
traces de cette Foy vive & ardente,
qui animoit autrefois les premiers
Chreſtiens? Que ſont devenus ces
miracles de conſtance, de fermeté,
de deſintereſſement, de renonce-
ment à ſoy meſme, de dépoüille-
ment volontaire, & de tant d'autres vertus, qui ont eſté les premiers fruits de la Foy dans ſa naiſ-
ſance ? Où eſt le temps que l'on
contoit les ſouffrances & les humiliations parmi les proſperitez de
la vie : & où eſt la ſoumiſſion de
cœur & la pureté de mœurs des

premiers siécles? Dans la vie qu'on mene aujourd'huy qui est-ce qui pense comme il faut à la fin pour laquelle il a esté créé? Par quels principes & dans quelles maximes vit-on pour faire son salut? Qui est-ce qui se considere en cette vie comme une voyageur banni de son païs, & qui gemit de s'en voir si long-temps éloigné: ainsi que faisoit ce Patriarche, dont nous parle l'Apostre, qui regardoit la terre que nous habitons comme le lieu de son exil; & tournoit sans cesse les yeux vers cette sainte Cité, destinée aux Bien-heureux, comme vers le lieu de sa veritable patrie? Quelles frayeurs a-t-on de ce redoutable tribunal, où chacun doit rendre conte de ses actions à un Juge qu'on ne peut surprendre? Quelle idée se forme-t-on de cette Eternité heureuse, ou malheureuse, qu'on attend dans l'autre vie? Enfin où trouve-t-on aujourd'huy de la Religion, de la maniére dont on vit dans le monde: où toutes

les veritables marques de la pieté
font prefque détruites dans les
mœurs des Chreftiens ? On n'eft
plus touché de ces grands fentimens de la fainteté & de la verité
de noftre creance : on n'a que de
baffes idées de nos Myftéres : &
l'on n'écoute prefque plus les maximes de l'Evangile que comme
des fables. Entre-t-il le moindre
rayon de Foy dans le détail univerfel de noftre conduite ? Eft-ce dans
nos affaires, où rien ne regne tant
que l'intereſt ? Eft-ce dans nos dif-
cours, où la diffimulation & le dé-
guifement font le plus en ufage ?
Eft-ce dans nos affemblees, où la
calomnie, la médifance, les intrigues triomphent davantage ? Eft-ce
dans noftre commerce, dans nos
entretiens, dans nos divertiffemens,
ou bien dans nos occupations les
plus ferieufes, que nous fommes
Chreftiens ? Y eût-t-il jamais plus
de déreglément dans la jeuneffe,
plus d'ambition parmi les grands,
plus de débauche parmi les petits,

plus de débordement parmi les hommes, plus de luxe & de molesse parmi les femmes, plus de fausseté dans le Peuple, plus de mauvaise foy dans tous les estats & dans toutes les conditions ? Y eût-il jamais moins de fidelité dans les mariages, moins d'honnesteté dans les compagnies, moins de pudeur & de modestie dans la société ? Le luxe des habits, la somptuosité des ameublemens, la délicatesse des tables, la superfluité de la dépence, la licence des mœurs, la curiosité dans les choses saintes, & les autres déreglemens de la vie sont montez à des excés inoüis. Que de tiedeur dans la frequentation des Sacremens, que de langueur dans la pieté, que de grimace dans la devotion, que de negligence en tout ce qu'il y a de plus essentiel dans les devoirs, que d'indifference pour le salut ? Quelle corruption d'esprit dans les jugemens, quelle dépravation de cœur dans les affaires, quelle profana-

tion des Autels, & quelle proſti-
tution de ce qu'il y a de plus ſaint,
& de plus auguſte dans l'exercice
de la Religion ? On voit des Pa-
ſteurs dans l'Egliſe ſans capacité,
des Preſtres ſans vertu, des Predicateurs ſans onction, des Directeurs
ſans fermeté , des devots ſans ſin-
cerité. Il regne meſme juſques parmi les plus gens de bien une eſpece
de zele aigre & amer, qui n'a rien
de cette charité douce & bienfai-
ſante qui eſt le caractere le plus eſ-
ſentiel du Chreſtien. Et tous les
principes de la vraye pieté ſont tellement renverſez , qu'on prefere
aujourd'huy dans le commerce un
honneſte Scelerat qui ſçait vivre , à
un homme de bien qui ne le ſçait
pas : & faire le crime ſagement
ſans choquer perſonne , s'appelle
avoir de la probité ſelon le monde ;
dont les maximes les plus criminelles trouvent des approbateurs ,
quand elles ont pour auteurs des
perſonnes dans l'élevation , &
qu'elles ſont accompagnées de quel-

que circonſtance d'éclat. Car qui ne ſçait que dans ces derniers temps le libertinage paſſe pour force d'eſprit parmi les gens de qualité, la fureur du jeu pour l'occupation des perſonnes de condition, l'adultere pour galanterie, le trafic des benefices pour un accommodement des familles, la flatterie, le menſonge, la trahiſon, la fourberie, la diſſimulation pour les vertus de la Cour : & ce n'eſt plus preſque que par la corruption & par le deſordre qu'on s'éleve, & qu'on ſe diſtingue. Je ne dis rien de ces crimes noirs & atroces, qui ſe ſont débordez dans cette malheureuſe fin des temps, dont la ſeule idée eſt capable de jetter l'horreur dans l'eſprit : je paſſe ſous ſilence toutes ces abominations inconnuës juſqu'à preſent à la candeur de noſtre Nation, dans l'uſage des poiſons, & que nos peres avoient entierement ignorées : parce qu'on ne peut aſſez en détourner la penſée, & en ſupprimer la ſeule imagination.

E v

Enfin pour exprimer en un mot le caractere de ce siécle : on n'a jamais tant parlé de morale, & il n'y eût jamais moins de bonnes mœurs ; jamais plus de reformateurs, & moins de reforme ; jamais plus de sçavoir, & moins de pieté ; jamais de meilleurs Predicateurs, & moins de conversions ; jamais plus de communions, & moins de changement de vie; jamais plus d'esprit ni plus de raison parmi le grand monde, & moins d'application aux choses solides & serieuses.

Voilà proprément l'image & la peinture de nos mœurs, & de l'etat où est aujourd'huy parmi nous la Religion. Il est vray qu'on peut dire que l'exterieur en subsiste encore par l'exercice reglé qui se fait des ceremonies, dont elle est composée : mais est-ce dans l'exterieur que consiste nostre Religion ? & de la maniere dont nous vivons, ne sommes-nous pas de vrais Payens en toutes choses ? La corruption est universelle, le peché regne par tout,

la penitence ne se fait presque nulle
part : & tout enfans de la colere
que nous sommes, comme parle l'E-
criture, nous trainons dans la molesse & dans le plaisir une vie qui
ne devroit estre qu'une penitence
perpetuelle. Vivrions-nous dans
ces desordres, si nous avions de la
Foy ? Ferions-nous tant de démar-
ches si funestes, si nous suivions
ses lumieres ? Et serions-nous si corrompus & si déreglez, si nous estions
Chrestiens ? Que dirai-je de l'avarice, de l'amour de l'interest, de l'at-
tachément aux biens perissables de
la terre, de la dureté à l'égard des
Pauvres, de la jalousie & de l'animo-
sité contre le prochain ? On a honte
d'estre vertueux ; & c'est teste levée
que triomphe le vice, comme la
prostituée de Babylone, qui est la
figure du dernier degr· de l'abo-
mination : & il semble que les hommes n'ont jamais esté ni plus amateurs du monde, ni plus idolatres
d'eux-mesmes, c'est-à-dire, avec
une opposition plus formelle à l'Es-

Eramus natu-
ra filij iræ.
Ephes. cap. 2.

prit de Dieu, ni avec un plus grand
éloignément de la Foy. C'eſt-là le détail de la licence où l'on vit aujour-
d'huy pour les mœurs. Voyons le
détail des imperfections & des défauts qui ſe ſont gliſſez dans l'exercice de la Foy : pour connoiſtre
mieux encore le danger où nous
ſommes de la perdre par la diſpoſition où elle eſt dans la pluſpart
des Fdéles.

CHAPITRE IX.

*Quels ſont les défauts qui ſe ſont
ie plus gliſſez dans l'exercice
de la Foy de ces derniers ſiécles.*

COMMENÇONS à examiner
nous-meſmes dans le détail de
noſtre vie, ſi nous croyons, & de
quelle maniere nous croyons : ſon-
dons le fonds de noſtre cœur, in-
terrogeons noſtre propre conſcien-
ce, demandons-nous enfin, ſi nous
avons de la Foy. C'eſt ce que S.
Paul conſeilloit aux Corinthiens:

Mettez-vous à l'épreuve, leur di-
soit-il, *& mettez y vostre Foy.*
Voyons donc sincerement si nous
sommes encore Chrestiens , dans
ces temps déplorables, où le Christianisme est par tout si languissant ?
Si nostre creance est conforme à
l'Evangile, & si nos mœurs répondent à nostre creance ? Si nous sommes de veritables Disciples de JE-
sus-Christ ? Si nous marchons sur
ses pas ? Et nous trouverons que
dans les foiblesses qui nous environnent de toutes parts , & dans la
dissolution des mœurs, où est par-
venuë la fin des siécles, la Foy s'est
bien affoiblie dans la pluspart des
Chrestiens ; qu'il s'est bien glissé
des défauts dans l'usage qu'ils en
font, & que la pratique en est devenuë fort défectueuse : parce que
ce qui se fait par l'homme est sujet à contracter ses défauts, dont
on peut dire que voicy les princi-
paux qui regnent aujourd'huy de la
maniere dont on vit en ce siécle.

Le premier défaut qui s'est glissé

dans l'usage de la Foy, est qu'en
soûmettant son esprit à l'autorité de
Dieu, on ne soûmet pas toute sa
raison : on a de la peine à y renoncer tout à fait, selon que la pureté
de la Foy le demande : on veut
trop raisonner, pour s'affermir dans
sa creance : on se flatte mesme de
la prétenduë necessité qu'il y a à
écouter sa raison , pour ne pas se
laisser surprendre : parce que c'est
par elle qu'on agit seurement, &
qu'on embrasse avec plaisir ce
qu'elle fait comprendre. Mais aussi
en s'accoutumant trop à l'écouter,
& à mesler à la Foy cette lumiere
foible , corrompuë & sujette à
l'erreur, on s'expose à donner lieu
à ces répugnances qui naissent dans
l'esprit, qui l'empeschent de se rendre à ce qu'il ne comprend pas :
on excite ces revoltes, qui non seulement luy rendent difficile la soûmission parfaite, qu'il doit à la voix
de Dieu ; mais mesme qui luy font
prendre quelquefois la liberté de
juger des choses divines avec un

fens trop humain, & d'interpofer
en fon jugement un difcernement
purement naturel. C'eft le défaut
de ceux qui pointillent trop en matiere de Religion, & qui font
Chreftiens d'un air trop Philofo-
phe : c'eft en raifonnant qu'ils veulent chercher Dieu, & le trouver,
comme des aveugles qui au lieu de
fuivre leur chemin, difputent de
celuy qu'il faut tenir. Quand Dieu
a parlé, la raifon doit fe taire : elle
eft trop defectueufe pour s'élever
d'elle-mefme à luy. C'eft ce que
S. Paul confeilloit aux Coloffiens,
pour les prevenir contre les pieges
qu'on leur dreffoit pour furprendre
leur creance felon les principes
d'une fcience mondaine, & par les
vaines imaginations d'un efprit humain. Car l'efprit abandonné à la
raifon toute feule ne peut efperer
de tranquillité : la raifon eftant trop
foible pour appaifer les inquietudes & les agitations de l'efprit : &
c'eft en quelque maniere renoncer
à la raifon, de ne vouloir écouter

Ne quis vos decipiat per Philofophiã fecundũ elementa mundi, & non fecundum Chriftum...... nemo vos feducat inflatus fenfu carnis fuæ
Colof. cap. 2.

que la raison dans l'exercice de la
Foy. Car la Foy vraye & fincere eſt
ſi delicate qu'elle ne peut ſouffrir
le meſlange du raiſonnement humain : elle veut eſtre la maiſtreſſe
de l'eſprit, & regner abſolument
ſur toutes les puiſſances de l'entendement, qui doit luy eſtre entierement ſoûmis : afin que les tenébres
de noſtre propre ſens ne ſoient jamais confonduës avec la pureté
des lumieres de cette divine maiſtreſſe. Ce n'eſt que par là qu'O-
rigene & Tertulien, ces genies ſi
ſublimes qui ont paru comme des
Aigles dans l'Egliſe, ſe ſont perdus en
donnant trop aux vaines réflexions
de leur eſprit, aimant mieux ſuivre leurs propres lumieres, que
l'autorité de la Foy & de la Tradition. C'eſt de là qu'on a veû nai-
ſtre ces diſpates, ces diviſions, ces
partialitez, ces ſchiſmes, ces he-
reſies, & tous ces égaremens qui
ſe ſont gliſſez de temps en temps
dans la Religion. Car la raiſon de
l'homme eſt ordinairement ſujette

à ces desordres quand elle n'est pas soûmise à celle de Dieu : outre qu'elle a des bornes bien plus étroités, parce qu'elle ne juge que de ce qui tombe sous les sens, que la Foy va bien plus loin & qu'elle porte ses veuës jusques dans l'éternité. Ce n'est pas aprés tout, que la raison ne puisse servir de précaution à la Foy, mais elle ne doit pas luy servir de régle.

Le second défaut est que quoy que la raison soit soûmise, la volonté ne l'est pas : l'esprit est éclairé, & les tenébres sont dans le cœur : ce sont des sentimens opposez. On est persuadé de la Doctrine de JESUS-CHRIST, mais on ne l'est pas de la morale : on croit tout ce qu'il faut croire, mais on ne croit pas encore tout ce qu'il faut faire. On se contente d'une intelligence seche des Myftéres de noftre Religion, sans en observer la discipline. On honore Dieu par la soûmiffion de son esprit : mais avec une disposition à le dés-honorer quelquefois

par la rebellion de son cœur : car
l'esprit n'est pas toûjours le maistre
dans les choses où le cœur à quelque part. C'est ainsi qu'on fait profession d'une Foy humble avec un
cœur plein d'orgueil, qu'on croit un
Dieu charitable, & qu'on n'a que
de l'aversion pour son prochain. De
sorte qu'avec plus de lumiere qu'il
n'en faut pour comprendre & se
soûmettre, l'esprit ne se rend pas
que le cœur ne soit rendu, les
principes de l'un n'estant pas les
mesmes que ceux de l'autre. Et c'est
là proprément la Foy des gens du
monde, qui ne vivent pas confor-
mément à leur creance, contre la
regle que S. Jean donnoit aux premiers Fidéles : *Celuy qui dit qu'il
demeure en* JESUS-CHRIST, *par
la Foy, doit marcher comme il a
marché.* Car croire en luy, & ne
pas l'imiter ; estimer sa Doctrine,
& mépriser ses conseils ; ne pas aimer la pauvreté, le mépris, l'abjection, comme luy : c'est ne croire en luy qu'à demi, pour ainsi dire.

C'eſt à pratiquer ſince ément la Religion, qu'on eſt Fidele, & non pas à dire froidement qu'on en eſt perſuadé. C'eſt le reproche que fait S. Paul à ces Chreſtiens imparfaits, dont il parle à un de ſes Diſciples, qui font profeſſion déclarée de connoiſtre Dieu, mais ils le rénoncent par leurs œuvres. Ce n'eſt qu'une Foy ſpeculative, qui croit les myſtéres, parce qu'il n'en couſte rien; une Foy ſuperficielle qui eſt dans la pointe de l'eſprit ſans action; une Foy éteinte & morte, comme S. Jacques l'appelle; parce qu'elle eſt ſans œuvres, prétendant que c'eſt eſtre coupable de ſçavoir le bien ſans le faire, & d'eſtre Chreſtien ſans vivre en Chreſtien.

Le troiſiéme défaut, eſt la legereté, & l'inconſtance dans la pratique de la Foy. On croit aujourd'huy ce qu'on ne croit pas demain: parce qu'on ſuit ſon humeur, comme cét Alexandre dont il eſt parlé dans les Actes des Apoſtres, qui devint Apoſtat, après

Fides ſine operibus mortua eſt. Iac. Epiſt c. 2. Scienti bonū facere. & non facienti peccatum eſt illi. Iac. cap. 4.

avoir voulu souffrir le martyre.
Car rien n'est plus ordinaire à l'homme que le changement. C'est par
cette inquietude naturelle qu'il cherche à changer jusques en ce qu'il y
a de plus immuable au monde,
c'est-à-dire, dans la Religion : c'est
par legereté de cœur, par agitation
d'esprit, par foiblesse de tempera-
ment, qu'on est sujet à ce défaut.
Et cette inconstance dans la Foy
ne vient que parce qu'elle n'est pas
établie sur le fondement immobile
de la parole de Dieu. Celuy qui
suit ses lumieres peut changer de
sentimens, selon les differentes
veuës de son esprit : mais celuy
qui ne se fonde que sur la Foy est
inébranlable. Ce changement est
le caractere de l'imprudent de
l'Evangile, qui au lieu de chercher la pierre ferme pour bastir
solidement, n'a travaillé que sur le
sable : un torrent grossi par les
pluyes, un coup de vent, peu de
chose enfin a renversé l'édifice.
Rien n'est plus pitoyable que cét

Similis erit viro stulto, qui ædifica-vit domum suam super arenam descendit pluvia, venerunt flumina & flaverunt venti & irruerunt super domum illam, & cecidit.
Matth. cap.7.

état : on s'inquiete on s'embaraſſe ,
on ſe deffie de tout , & l'on n'eſt
preſque jamais en repos ſur l'eſtat
où l'on doit l'eſtre le plus , qui eſt
le ſalut , par l'importance de l'intereſt dont-il s'agit. C'eſt comme
un roſeau qui ſe laiſſe emporter
à tous les vents : on eſt de toutes
les opinions qui ſe debitent dans le
monde ſur la Religion. Ce fût
l'eſtat où ſe trouva S. Auguſtin,
lors que deliberant de ſa conver-
ſion par vanité d'eſprit , il cher-
choit à decider luy-meſme ce qu'il
avoit à croire , ou à ne pas croire,
ſans en conſulter le Ciel. Car dans
cette malheureuſe irreſolution il
paſſoit de ſecte en ſecte, d'opinion
en opinion , d'égarement en égarement , comme il l'avouë luy meſme. Aujourd'huy Platonicien doutant de tout , demain Manicheen
ne doutant preſque de rien, refu-
tant ce qu'il venoit d'approuver,
approuvant ce qu'il venoit de refu-
ter , toûjours agité jamais tranquille : parce que ſon eſprit eſtoit

en proye à sa legereté, que rien ne
fixoit pour son repos, n'ayant pas
encore la Foy, sans laquelle l'homme est toûjours dans l'incertitude
de ce qu'il a à faire, pour devenir
agreable à Dieu. Car ce n'est que
la Foy qui oste à l'esprit tout
sujet de doute, & au cœur tout sujet de crainte. Ce ne fût pas de la
sorte qu'Abraham, cet illustre Pere
des croyans, s'attacha à Dieu & à
sa parole : ce fût avec une fermeté
d'ame qui ne luy permit pas de hesiter le moins du monde, contre
les apparences contraires à ce qu'on
luy avoit promis. Ce ne fût pas
ainsi que crût ce bien heureux Ana-
corete saint Paul, qui vescut dans
le desert prés de cent ans dans une
paix d'esprit admirable, parce qu'il
ne s'attacha qu'à Dieu, ayant les
yeux, le cœur, l'esprit arrestez sur ce
que la Foy luy avoit appris, demeu-
rant toûjours ferme dans le mesme sentiment, avec une tranquili-
té & une perseverance, qui a eû
peû d'egales. Il est vray que ce

n'est pas l'ouvrage de l'homme, qui est naturellement leger, c'est l'ouvrage de la grace : & ce n'est que par l'humilité qu'on la merite, laquelle dans l'exercice de la Foy est une grande source de lumieres.

Le quatrieme défaut de la Foy du temps present est la curiosité, qui n'est qu'une suite de cette legereté que je viens d'expliquer. C'est souvent par l'inquietude d'esprit où l'on se trouve sur la Religion, qu'on cherche à s'en convaincre. En quoy nous sommes semblables à ces heretiques, qui sur ces paroles de S. Matthieu, *cherchez & vous trouverez*, mal conceuës, pensoient à s'instruire de nouveau sur la Religion du temps de Tertulien, ausquels il répondoit sagement, *que* JESUS CHRIST *ayant parlé, la curiosité estoit inutile, & qu'il n'y avoit plus rien a examiner, aprés l'etablissement de l'Evangile. Quand une fois nous croyons comme il faut, nous ne cherchons rien d'a-*

Inest animæ quædam non collectanea se sed experiendi nova & curiosa cupiditas nomine cognitionis & scientiæ palliata. *Aug. Confess. lib.* 10. *c.* 35.

Curiositate non opus est post Christū Iesum, nec inquisitione post Evangelium. Cum credimus nihil desideramus ultra credere: hoc

grimum cre-
dimus non
esse quod ul-
tra credere
debeamus.
Tertul. de
praescript. adv.
hares. cap. 7.

vantage à croire : & un des prin-
cipes de noftre creance, eft qu'il
n'y a rien à ajoûter à ce que nous
croyons. Ceux qui cherchent, dit-
il, n'ont encore rien trouvé de cer-
tain : ainfi ne croyant pas, ils ne
font pas encore Chreftiens. Nous
n'en fommes plus là, dépuis que
la Religion a efté juftifiée par tant
de miracles, confirmée par le fang
de tant de Martyrs, & éclaircie
par la doctrine de tant de Peres.
Mais il y a une autre efpece de cu-
riofité fondée fur une avidité de
fçavoir, & fur une impuiffance
d'approfondir ce qu'on recherche,
qui a cours aujourd'huy dans le
monde, & qui eft encore plus cri-
minelle que la premiere. C'eft de
vouloir temerairement examiner
les deffeins de Dieu dans l'ordre
general de fa Providence, de pe-
netrer trop avant dans l'abyfme
incomprehenfible de fa Sageffe, de
luy demander compte de fa conduite, d'entrer dans fes fecrets, de
fonder la profondeur de fes jugemens,

mens , d'entreprendre de lever le voile , ſous lequel il a mis à couvert ce qu'il y a de plus caché dans noſtre Religion , de raiſonner ſur nos Myſteres , de diſputer de ce qu'il y a de plus ſublime dans la Foy , pour faire valloir ſon eſprit. Car c'eſt ce qui regne aujourd'huy le plus dans le monde. Ces grandes matieres de la grace & de la prédeſtination dont les Papes & les Conciles aſſiſtez qu'ils eſtoient du S. Eſprit , n'ont jamais parlé qu'en tremblant , ſont les entretiens ordinaires des Cavaliers, des Dames, des gens de la Cour, qui en decident , ſans aucune teinture de ſcience. C'eſt par ces curioſitez-là qu'on cherche à ſe ſatisfaire de l'éclat paſſager d'une opinion qui paroiſt nouvelle. Il y a encore une autre eſpece de curioſité , qui vient d'une petiteſſe de genie comme celle des enfans, qui demandent raiſon de tout. Ce fût celle des Apoſtres, qui dans le temps de leur imperfection faiſoient mille queſtions inutiles au Sauveur du

F

monde, qui les traittoit auſſi, comme peû capables des veritez ſolides de la Foy. Je ne dis rien de la
curioſité des Capharnaïtes qui de-
mandoient, comment le Fils de Dieu
pourroit leur donner ſa chair à man-
ger : parce qu'ils doutoient de ſon
pouvoir , & que cela paſſoit leur
intelligence. Je ne parle point des
curioſitez affreuſes de ces libertins,
qui cherchent Dieu & des eſprits
par des voyes horribles, & qui ne
trouvent qu'un ſilence morne &
profond dans toutes les creatures,
pour ſervir de tourment à leur inquietude, & à cette avidité qu'ils
ont de contenter leur curioſité : car
ſi la curioſité eſt blàmable, meſme
dans les choſes indifferentes , combien doit elle l'eſtre dans les ſecrets
de la Religion. Ainſi le vray Fidéle aime mieux reconnoiſtre ſon
ignorance, que d'approfondir trop
curieuſement ce qui eſt au deſſus
de ſa connoiſſance. Car la curioſité
tombe toûjours inſenſiblement dans
l'amour de la nouveauté.

C'eſt le cinquiéme défaut qui ſe rencontre aujourd'huy dans la pratique de la Foy , & qui fait qu'on recherche avec ardeur , & qu'on écoute avidement tout ce qui a l'air de nouveauté dans la doctrine & dans la morale ; qu'on court apres tout ce qui ſe preſente ; qu'on fait des comparaiſons des opinions nouvelles avec des veritez anciennes ; qu'on s'enteſte ſans y penſer de ces ſentimens-là , & qu'on ſe laiſſe ſurprendre aux pretextes ſpecieux dont on les colore. Ceux qui donnent dans de ſi belles apparences, ont les meilleures intentions du monde , au commencement ; & ſe laiſſant meſme prévenir favorablement de ces pretextes, ils ſe trompent eux-meſmes par la pureté de leurs intentions : & il arrive que par un orgueil ſecret ils donnent la préference dans leur cœur à ces nouveautez ſur les choſes établies , & à des opinions recentes ſur des veritez éternelles. Ce jugement aveugle & precipité entraine la volon-

té : laquelle eſtant une fois ga-
gnée s'abandonne à toute l'opiniâ-
treté dont elle eſt naturellemen**t**
capable. Et c'eſt ainſi qu'inſenſiblement l'erreur ſe forme de l'a-
mour de la nouveauté : on l'eſtime,
on y devient favorable , on l'em-
braſſe , on la debite, on la deffend
contre ceux qui l'attaquent ; & tout
cela ſe fait avec bon deſſein. Mais
rien ne marque tant la colere de
Dieu, que cét amour des opinions
nouvelles , auquel il abandonne les
eſprits ; car c'eſt alors qu'on paſſe
les bornes établies par nos peres,
contre le conſeil du Sage , & qu'on
neglige ces anciens fondemens de
la Foy qui ſont les armes in-
vincibles , dont l'Egliſe s'eſt toûjours ſervie pour combattre l'erreur. C'eſt alors qu'on ſecoüe le
joug des Loix les plus ſaintes que
Dieu a impoſées, pour conſerver la
Religion : qu'on ſe diſpenſe de conſulter cette Sainte montagne de
Sion, dont l'ancienne Sion n'eſtoit
que la figure , pour s'inſtruire du

chemin qu'on doit suivre, sans chercher des voyes écartées, par un amour de la nouveauté. Car le tribunal de S. Pierre est l'organe dont Dieu se sert pour se faire entendre, & qu'on doit écouter pour sçavoir les sentimens qu'il faut prendre : on s'égare toûjours quand on écoute des voix étrangeres ou point autorisées : au lieu que ces Fideles, dont parle le Prophéte, marchoient dans les voyes seures, parce qu'ils marchoient au nom du Seigneur. Car en matiere de Religio⁓ il faut s'en tenir à ce qui est étably : on se pert dés qu'on s'en écarte. C'est ce que S. Paul recommandoit sur tout à son Disciple : *Gardez le dépost qui vous a esté confié : fuyez les nouveautez profanes de paroles & de tout ce qu'oppose une doctrine qui porte faussement le nom de science ; dont quelques-uns faisant profession se sont égarez de la Foy.* Car cét amour de la nouveauté donne lieu à l'homme qui en est épris, à écouter ses reflexions, à entretenir ses

Ambulabat unus quisque in nomine Domini. *Mich. cap.* 4.

Depositum custodi, devitans profanas novum novitates & oppositiones falsi nominis sciétiæ, quam quidam promittentes, circa fidem exciderunt. 1 *Tim. cap.* 6.

conjectures, à fomenter fes foup-
çons, à tomber dans la défiance,
& de la défiance dans le doute.

C'eft le fixiéme défaut. Mais le
doute qui naift ou de la foibleffe ou
de l'ignorance, devient encore plus
grand, quand il fe trouve dans un
efprit, où le foupçon & la deffiance ont défja de l'accés : car il devient plus flottant & plus incertain;
& dés qu'on s'eft fait une habitude
de ne pas croire ce que les autres
croyent, on ferme les yeux à la
lumiere pour entretenir fon doute,
par de nouvelles raifons de douter : & parce qu'on n'a plus de
principes, on fe laiffe ébranler aux
moindres difficultez, comme ces
Apoftres, qui douterent de la
vertu de leur Maiftre au premier
coup de vent, dont leur barque
fût agitée. Mais le Sauveur
du monde ne voulut point faire
ceffer l'orage de la mer, qu'il n'eut
faire ceffer leur doute par fes ré-
proches, comme le peril le plus
preffant & le plus de confequence.

Zelavi fuper
iniquos pacé
peccatorum
videns.
Pfal. 71.

Quid timidi
eftis modicæ
fidei.

On est mesme ingenieux à donner
des couleurs à son doute, dés qu'on
l'aime, & l'on ne peut l'aimer qu'il
ne se répande sur tout ce qu'on
doit croire : car on doute bien-tost
de tout, dés qu'on a commencé à
douter de quelque chose. Parce
que la Foy a une pureté capable
de s'alterer aux moindres impressions
de soupçon : elle devient timide,
chancelante, incertaine, & ses propres lumieres ne servent qu'à l'em-
barasser. Ce sont au commencement des contradictions manifestes
sur quoy se fonde la raison pour
douter, ce sont des lumieres que
les autres n'ont pas , ce sont des
veuës extraordinaires : mais aprés,
ce ne sont que de simples vray sem-
blances, sur quoy l'on prend son
parti , & qu'on se détermine : comme ces Disciples qui cessent de
croire la Resurrection de leur Maî-
stre , qu'ils esperoient & n'esperent
plus, parce qu'ils n'en apprenoient
rien , quoy que le troisième jour,
destiné à cela fût venu. Car com-

me tout devient suspect à celuy
qui cherche à se tromper, tout devient incertain à celuy qui est dis-
posé à ne pas croire. La Foy demande une ame heroïque, une force au dessus de la nature, une fermeté qui ne s'ébranle point des contradictions de la raison humaine,
ni de toutes les apparences contraires : & le vray Fidéle n'examine
plus rien, quand une fois il a pris
ses seuretez ; il n'a plus d'attention
qu'à se soûmettre. N'ayez donc jamais le moindre soupçon, qui vous
fasse dire en vous-mesme, comment cela se peut-il ? Est-ce Dieu
qui l'a dit ? Quand, pourquoy l'a-t-
il dit ? Quel moyen de croire des
choses si opposées au sens ? Car on
ne finit jamais sur ces raisonne-
mens-là dés qu'on les écoute : la
raison ne pouvant se contenter que
de la raison, elle ne veut rien sçavoir sans l'approfondir, ni rien approfondir sans le comprendre. Mais
le propre de la Foy est de renoncer à toutes les lumieres de l'esprit

humain d'en étouffer toutes les veuës, de n'écouter rien que la voix de Dieu pour luy obeïr dés qu'il a parlé. Sans cela l'homme est sujet à toutes les miseres de son esprit, dont le doute est une des plus grandes : car outre que l'incertitude est le plus miserable estat où il puisse se trouver, c'est une disposition prochaine à cette dureté d'ame qu'on a à croire, que l'Ecriture appelle incredulité.

Et l'incredulité est le septiéme défaut de la Foy. Combien se trouve-t-il aujourd'huy de gens qui croyent quelque chose, mais qui ne croyent pas tout : qui sont persuadez de la bonté de Dieu, mais qui ne le sont pas de sa Justice. Et il est vray-semblable que Dieu, qui est essentiellement bon punisse si rigoureusement un peché de pure fragilité dans une creature naturellement foible & ignorante ? Et ceux qui croyent sa Justice, ne croyent pas sa Providence. Car verroit-on la vertu opprimée, le

Exprobravit incredulitaté eorum & duritiam cordis. *Marc. cap.* 16. Tardi corde ad credendû. *Luc.* 24. Conteram superbiam duritiæ vestræ *Levit. cap.* 26.

Via impiorû prosperatur & bene est omnibus, qui inique agunt. *Ier. cap.* 12.

F v

vice en credit, les juſtes humiliez,
les impies floriſſans, la Religion
perſecutée, & le libertinage auto-
riſé, s'il y avoit une Providence.
Ce ſont là les petites veuës de quel-
ques eſprits imparfaits, qui ne ju-
gent de Dieu que par les foibles
idées d'un zele mal entendu, qui
n'eſt ſouvent fondé que ſur une
étincelle de probité, où il y a bien
de la preſomption. Enfin rien n'eſt
preſque aujourd'huy tant ignoré
de la maniere dont on vit, que cette
divine Providence. On croit ſans
en douter, qu'il y a un Dieu : on
eſt perſuadé de ſa Sageſſe & de ſa
puiſſance : mais cét œil qui voit
tout, cét eſprit qui penſe à tout,
cette bonté qui pourvoit à tout,
n'eſt preſque pas connuë parmi les
Chrétiens. C'eſt à ſa propre conduite, à ſon induſtrie, à ſa prudence, à
ſon habileté, qu'on impute ſa fortune, ſa réputation, ſes avantages,
ſes ſuccés. La Providence eſt com-
ptée pour rien en tout cela, on n'y
penſe pas meſme : on met le ha-

zard ou le deſtin en ſa place : de là
vient le découragement des gens
de bien, la fierté & l'inſolence des
libertins. Enfin ceux qui croyent
Dieu bon, ne le croyent pas aſſez
puiſſant : ceux qui le croyent puiſſant, ne le croyent pas aſſez bon,
ſelon les principes de cette incredulité, qui ſepare Dieu de Dieu
meſme, en luy oſtant ſa Juſtice, ſa
Providence, & ce qu'il y a de plus
divin dans ſes operations. Et dés
qu'on eſt incredule on eſt injuſte,
dit le Prophete ; & dés qu'on l'eſt
en un point, on le devient aiſement
en tout les autres, ſur quoy on
veut rafiner : & l'on acheve de perdre la Foy par ce rafinement.

C'eſt le huitiéme défaut de la
Foy d'aujourd'huy, qui ſe détruit
par un eſprit de fineſſe & de ſub-
tilité oppoſé à cette ſainte ſimplicité qui eſtoit le caractere des premiers ſiécles. C'eſt par cét eſprit
qu'on cherche à aller plus loin que
les autres en matiere de Religion,
pour y faire de nouvelles décou-

F vj

Nihil egen-
rius illa men-
te, quæ de
Deo extra
Deum Philo-
ſophatur.
*Dialoc. de
perf. ſpirit.*

Qui incredu-
lus eſt non
eſt recta ani-
ma ejus in ſe-
metipſo.
Abac. cap. 2.

Mentis acies
invalida in
luce non ſigi-
tur, niſi per
juſtitiam fi-
dei nutrita
vegetetur.
*Aug. lib. 1. de
Trin.*

vertes ; & qu'on fe donne la liberté de raifonner fur les Myftéres, de former des queftions vaines & inutiles fur ce qu'il y a de plus établi dans l'Eglife , de cenfurer fa morale, de critiquer fes ceremonies, de pointiller fur fa conduite, d'alterer par des interpretations humaines les decifions divines des faintes lettres , & de donner des fens écartez , & des explications nouvelles aux endroits les plus importans de l'Ecriture ; qu'on veut comprendre ce qu'on eft obligé de croire : parce qu'on fe pique de penetration ; qu'on prétend approfondir tout , pour s'en éclaircir. Car pourquoy m'aveugler comme le Peuple. Voilà ce qu'on penfe, & ce qu'on dit : parce qu'on fe croit plus fage que les autres, qu'on veut fe diftinguer par fes lumieres , & par des manieres de croire plus élevées que le commun. C'eft l'efprit le plus oppofé de tous à la Foy, & un de fes grands défauts : comme il paroift par la remarque de

S. Paul. *Voyez mes freres ceux d'entre vous, que Dieu a appellez à la Foy: ce ne font pas les plus fages felon la chair, les plus puiffans, les plus nobles: il a choifi les moins fages felon le monde, pour confondre ceux qui fe croyent fages: & pour confondre les puiffans, il a choifi les plus foibles & les plus méprifables: & ce qui n'eftoit rien pour détruire ce qui eftoit ou ce qui prétendoit eftre quelque chofe.* Afin d'humilier par là l'orgueil de la raifon humaine, qui eft fujette à s'égarer dans les fauffes veuës de fa fuffifance. Dés qu'on veut trop voir dans la Foy, & qu'on cherche trop à fe convaincre, on n'y voit d'ordinaire rien, parce qu'on n'eft jamais convaincu: dans une Religion auffi foûmife que la noftre rien n'eft moins raifonnable qu'une Foy trop raifonnée. Raifon, fageffe, fuffifance du fiécle, vous eftes trop foibles: car vous prenez fouvent les tenébres pour la lumiere, & l'apparence pour

Videte vocationem veftrã fratres, quia non multi fapientes fecundum carnem; non multi potentes, non multi nobiles, fed quæ ftulta funt mundi elegit Deus ut confundat fapientes, & infirma elegit, ut confundat fortia, &c.
1. Cor. cap. 1.

la verité. Ce font les égaremens
ordinaires de l'efprit humain. En
quoy la conduite de Dieu eft admirable qui n'a pas voulu mener
l'homme par les lumieres de fon
efprit, mais par les lumieres de la
Foy ; c'eft-à-dire, par la foûmiffion, & non pas par la penetration : parce que tous les efprits
peuvent fe foûmettre, grands & petits ; & que le Peuple euft efté ex-
clus de la Foy, s'il euft fallu comprendre pour eftre Chreftien, n'y
ayant que les intelligens qui comprennent. Il eft mefme plus con-
venable à la grandeur de Dieu &
à fon indépendance, d'agir avec
l'homme par voye d'autorité en luy
ordonnant de fe foûmettre quand
il a parlé. Et l'homme feroit injufte
de vouloir comprendre les fecrets
de Dieu, luy qui ne fe comprend

pas luy-mefme. Enfin *la gloire du
Seigneur*, dit le Sage, *eft de fe cacher, en cachant fa parole,* pour ne
fe découvrir qu'aux humbles, qui
trouvent dequoy exercer leur Foy,

en exerçant leur humilité, par l'obscurité qu'ils y rencontrent : ils nourrissent mesme leur esprit des veritez qu'ils comprennent, en adorant celles qu'ils ne comprennent pas. Outre que l'esprit le plus éclairé a toûjours une espece de voile sur les yeux, dans les choses que la Religion nous propose : en quoy les veuës les plus penetrantes & les plus étenduës sont toûjours extremément courtes. Ce sont les raisons qu'a Dieu de ne pas se découvrir tout à fait à l'homme, pour estre connu & inconnu tout ensemble connu aux humbles qui l'honorent, inconnu aux superbes qui le méprisent. Ainsi la Foy humilie celuy qui ne croit pas, comme celuy qui croit, troublant l'un par ses tenébres, pendant qu'elle soûmet l'autre à ses lumieres. Il faut cependant remarquer que la Foy n'aveugle que ceux qui sont déja aveuglez par leur orgueil & par leur passion.

Le neufiéme défaut de la Foy

de ces derniers temps eſt une pareſſe d'eſprit, qui fait preferer le
répos qu'on trouve dans l'ignorance des obligations eſſentielles de la
Religion, à la connoiſſance de ſon
dévoir. On craint d'y voir trop
clair : parce qu'on s'accommode de
ſon peu de lumiere : On ne veut
pas voir la verité, pour n'eſtre pas
obligé de la ſuivre, & ne pas ap-
prendre ce qu'on ne veut pas faire. Voilà l'eſtat de la pluſpart de
ces Chreſtiens engagez dans le
monde : ils n'ont pas le temps de
s'inſtruire de leur Religion, occu-
pez qu'ils ſont de leurs affaires, de
leurs plaiſirs, de leur vanité. Ils
ont perdu l'uſage de l'application,
pour ne pas troubler cette tranquillité qui fait une partie de la dou-
ceur de leur vie : ſemblables à ces
libertins dont parle Job, qui diſoient à Dieu : *Retirez-vous de nous,*
nous ne voulons point d'une con-
noiſſance, qui condamneroit ce que
nous aimons, ni d'une lumiere qui
cenſureroit noſtre vie. Ce n'eſt pas

Noluit intel-
ligere, ut be-
ne ageret.
Pſal. 35.

Recede à no-
bis, ſcientiâ
viarum tuarû
nolumus.
Iob. cap. 21.

le manque de preuves qui les ar-
reſte, c'eſt une negligence de les
chercher, & une indifference de
s'éclaircir. Cette pareſſe mene à
la tiedeur, la tiedeur au rélàche-
ment des mœurs, & le rélâchement
des mœurs au refroidiſſement de la
Foy. L'eſprit nouveau des premiers
ſiécles donnoit une ferveur aux Fidéles de ces temps-là, qu'on ne connoiſt plus dans le declin de ces derniers ſiécles. Cette ferveur eſtoit
une plus grande fidelité aux graces,
un plus grand attachement aux in-
tereſts de la gloire de Dieu, un
ſoin plus exact à obſerver l'Evangile dans ſa pureté, une haine du
peché plus declarée, une ardeur à
la priere plus conſtante, une attention plus grande à ſon ſalut, & plus
de vigilance dans tous les devoirs
de la Religion. Mais cét eſprit s'eſt
tellement affoibli dans la vieilleſſe
du monde, que les traces en ſont
toutes preſque effacées. On ne voit
plus ces vertus pures, ſolides, des-
intereſſées, que l'Egliſe admiroit

dans les premiers Chreftiens : lefquels prenoient plaifir d'humilier
leur entendement fous le poids des
importantes veritez de noftre creance, avec une fimplicité d'efprit, qui
les rendoit intrepides à toutes les
veuës, que la chair & le fang leur
oppofoit : parce que leur Foy, qui
s'eftoit affermie par la tribulation,
détachoit leurs cœurs des biens de
la terre pour les attacher à ceux
du Ciel ; & leur apprenoit qu'un
Chreftien ne doit avoir que du mépris pour tout ce qui eft temporel,
quand il a l'efprit rempli de l'éternité. Mais l'amour du fiécle a efteint
cét efprit de ferveur des premiers
Fidéles. Car le moyen de croire
quand on eft enyvré des profperitez
du monde ?

Le dixiéme défaut eft la prefom-
ption dans l'exercice de la Foy,
telle que fut celle de cét Apoftre,
qui fans confulter rien que fa ferveur, répondit de fa fidelité à fon
Maiftre. Mais parce qu'il mit fa
confiance en luy-mefme, au lieu de

la mettre dans le secours de son
Sauveur, & qu'il fut assez vain de
vanter ses forces sans connoistre sa
foiblesse : un moment aprés il
renia son cher Maistre. La princi-
pale vertu de nostre Religion est
de se bien persuader de son infirmité, & de ne s'appuyer que sur le
secours de la grace. Car si le premier des Anges & le premier des
hommes sont tombez, si les forts
n'ont peû demeurer fermes, que deviendront les foibles qui presume-
ront d'eux-mesmes. L'homme à
beau oublier ce qu'il est : il est toûjours homme, c'est-à-dire, plein de
foiblesse & d'ignorance. Malheur
donc à celuy qui est assez dépour-
veû de sens, pour oposer les imaginations frivoles de l'esprit humain
aux adorables regles de la verité
éternelle. Malheur à celuy, qui
miserable disciple de l'Ange su-
perbe, ne presume que de luy-mê-
me, pour approfondir par ses lumieres les secrets impenetrables de
Dieu : afin d'imiter mieux l'orgueil

de son détestable maistre , sans que la profondeur des playes dont il est couvert, & sans que l'abysme des ténèbres dont il est environné, soient capables de luy faire connoistre sa misere. Malheur à tous ces Chrestiens orgueilleux, qui parce qu'ils ont plus de penetration que les autres, se croyent en droit de demander au moindre doute quelque chose d'extraordinaire qui soit propre à les convaincre, & à les persuader. Malheur enfin à la Foy presompteuse : parce que l'humble JESUS qui en est le fondateur , est cette mysterieuse pierre, dont parle S. Luc , qui brise celuy lequel se heurte contre elle , & qui reduit en poudre ceux sur qui elle tombe.

L'onziéme défaut est une espece de tiedeur meslée de cette défiance dont parle S. Ambroise. Et cette tiedeur qui ne represente à l'esprit tous les devoirs de la Religion qu'avec des difficultez insurmontables, n'imagine rien que d'affreux

Omnis qui ceciderit super illum lapidem conquassabitur , & super qué ceciderit, cõminuet illum. Luc. cap. 20.

Ij qui accepta fide, diffidentia non carent. de vocat. Gent lib. 2.

dans la vertu. Ce fut ainſi que ce Felix dont il eſt parlé dans les Actes, devant lequel Saint Paul fut accuſé à Ceſarée, ayant entendu de la bouche de cét Apoſtre, qu'il falloit eſtre chaſte & juſte, pour eſtre Chreſtien, trembla à l'obligation d'une ſi grande perfection. Ce qui a couſtume d'arriver à ceux qui ne regardent la vertu que par ce qu'elle a de dur & de rude, ſans regarder ce qu'elle a de doux : ils ne penſent qu'à ces voyes difficiles où il faut marcher dans l'exercice de la pieté, dont parle le Prophete, ſans en conſiderer le fruit : ils voyent le peſant joug de la Loy, ſans conſiderer la main qui en adoucit la peſanteur. C'eſt la Foy de la pluſpart des perſonnes qui ont vieilli dans les vanitez du monde, & qui penſent à leur ſalut. Elles voyent la dévotion comme une reſſource : mais elles n'y voyent rien que de penible : parce qu'elles la regardent d'une veüë trop humaine. Le dégouſt du monde, qui eſt dégouſté

Diſputante Paulo de juſtitia & caſtitate tremefactus Felix. *Act. cap.* 24.

d'elles, les fait penser à Dieu : sans
leur faire sentir les douceurs qu'il
y a à le servir : elles n'envisagent
que les plaisirs qu'elles quittent,
sans voir ceux qu'on leur promet :
& possedées qu'elles sont du present, elles ne voyent dans l'avenir
que tout ce qui est propre à les
rebuter. Cette Foy, toûjours ailleurs victorieuse par l'esperance
qu'elle donne d'une récompense é-
ternelle, est toûjours vaincuë dans
l'esprit de ces ames tiédes, lasches,
défiantes, où les images de la terre
sont encore plus vives que celles
du Ciel. Et cette vie passagere, où
la vanité des hommes se fait un
vain projet d'une fausse beatitude,
leur semble préferable à ce Royaume éternel, qui durera toûjours.
C'est-là la Foy de ceux qui n'ont
goûté que les biens perissables de la
vie presente, & qui n'ont nul goust
pour les biens de la vie future, & qui
se découragent de tout : c'est une Foy
partagée ; & reconnoistre l'autorité
de Dieu sans avoir confiance en

luy, c'est ne la reconnoître pas.

Le douziéme défaut est une Foy bizarre qui ne s'écarte des voyes communes, dont se sert la Providence de Dieu, pour se faire connoître aux hommes, qu'afin d'en chercher d'extraordinaires. Car n'est-ce pas un pur caprice, & une vraye bizarrerie d'esprit de se rendre à la vertu du bras du Tout-Puissant, & de ne pas se rendre à son autorité; de le soûmettre aux miracles, & de resister à celuy qui les fait; de reconnoître son souverain pouvoir dans ce qu'il fait de merveilleux, & de ne pas reconnoître sa souveraine raison en ce qu'il ordonne de juste & d'équitable? L'Evangile, qui est *la vertu & la force de Dieu pour sauver tous les hommes qui croyent*, dit S. Paul, ne fait plus d'impression sur ces esprits: parce qu'il est trop commun estant dans les mains de tout le monde. Et combien se trouve-t-il aujourd'huy de gens faits comme le mauvais Riche, qui de-

Evangelium virtus Dei est in salutem omni credenti. *Rom. cap.* 1.

mandoit à Dieu, qu’on envoyaft quelqu’un, de l’autre monde , à fes freres, pour les convaincre & les perfuader ? Ce font des efprits durs & indociles , qui ne veulent s’en rapporter qu’à leur fens, & à leur raifon, en des chofes fi fort au deffus de la raifon & des fens; qui demandent à eftre forcez par des prodiges dans leur doute & dans leur irrefolution ; & qui pour ne pas croire dans les regles, voudroient voir ce qu’ilsne fçauroient comprendre. Quelle folie à des hommes foibles, ignorans , paffionnez de ne fe confulter qu’eux-mefmes, pour avoir de la Foy : & de ne chercher la verité toute celefte de noftre Religion , que dans les inftructions groffieres de la terre & dans les élemens impurs de la chair, comme parle l’Apoftre. Mais Dieu punit d’ordinaire des gens fi extravagans , pour leur extravagance mefme, en abandonnant l’efprit de ces Chreftiens à leur propre égarement. JESUS-CHRIST , ne fe

satisfait

Ab elementis hujus mundi tal.quam viventes in múdo decernitis. Paul Col. c. 2.

satisfait pas de ces creances bizar-
res & de ces soûmissions forcées :
ce n'est croire qu'en esclave que de
croire ainsi. Les prodiges que fit
Moyse en la presence de Pharaon,
& les merveilles qu'opera le Fils
de Dieu aux yeux des Juifs, font
assez voir que les miracles ne servent d'ordinaire qu'à aveugler, &
à endurcir encore plus ceux qui
le sont désja. Pour moy, mon
Dieu, qui me soûmets à vostre
parole sans rien examiner : vostre
voix a à mon égard toute la vertu des miracles, dés que vous avez
parlé. Et je suis persuadé comme
le Prophete, que ce n'est que par
les tenébres de la Foy, qu'on connoist mieux ce qu'il y a de plus
mysterieux en nostre Religion, &
de plus merveilleux en toute l'é-
tenduë de vostre puissance. Et nô-
tre creance est si raisonnable que
quelque incomprehensible que, soit
la profondeur de ses Mystéres, on
ne peut en douter, que par une
espece d'égarement & d'extrava-

In tenebris cognoscentur mirabilia tua. Psal. 87.

gance. Car, quoy qu'on en dife,
le plus grand de tous les miracles
eſt une Religion qui a inſpiré aux
hommes charnels, intereſſez, ſu-
perbes, l'amour de la chaſteté, le
mépris des biens de la terre, & le
defir de l'abjection; qui a fait ſoû-
pirer ſes Sectateurs aprés les croix
& les ſouffrances, dont l'homme a naturellement de l'horreur;
& qui rend les choſes preſentes,
viles & mépriſables, les futures
defirables & precieuſes. Et c'eſt tellement la conduite de Dieu d'attacher l'obligation qu'a le Chreſtien
de ſe ſoûmettre à ſa parole, expri-
mée dans l'Ecriture, que l'Ange
mefme qui annonce à la Vierge le
Myſtére de l'Incarnation ne ſe ſert
que des expreſſions des Prophetes,
quoy qu'il ſoit d'un rang bien au
deſſus des Prophetes, & qu'il parle
immediatement de la part de Dieu.
Pour faire voir aux hommes que
la Loy & les Prophetes eſt la ſeule voye dont il veut ſe ſervir pour
ſe faire connoiſtre à eux; & que les

miracles ne font que pour réduire les Infideles, comme les raifonnemens ne font que pour reduire les libertins, & tous ceux qui ont de la peine à croire.

CHAPITRE X.

Que rien n'affoiblit tant la Foy, & n'eft plus capable de la ruiner, que l'amour du fiécle & l'attachement au monde qui regne aujourd'huy.

MAIS de tous les défauts qui fe font gliffez dans l'exercice de la Foy, comme elle fe pratique aujoud'huy, rien n'eft plus capable de l'affoiblir & de la ruiner tout à fait, que l'amour du fiécle, & l'attachement prodigieux que la plufpart des Chreftiens ont au monde. Car c'eft ainfi que l'Ecriture appelle ce qui eft éclatant, doux, agreable aux fens: c'eft-à-dire, ce monde réprouvé par JESUS-CHRIST, pour lequel il n'a pas voulu prier,

en priant pour ceux qui le cruci-
fioient. C'eft ce monde décrit dans
l'Apocalypfe fous la figure de la Pro-
ftituée de Babylone, avec des couleurs fi terribles, que les autres
playes, dont il eft parlé dans cette
Prophetie, n'ont rien qui approche
de l'horreur qu'en donne l'Apoftre
par le breuvage mortel que cette
femme prefente à fes fectateurs,
& par ce vin d'affoupiffement qui
fait oublier le Ciel, quand on s'a-
bandonne trop à l'amour de la terre,
qui eft l'idolatrie la plus dangereufe
de toutes devant Dieu. En effet c'eft
une efpece d'enchantement, que
cét amour du monde, qui jette
dans la vie de ceux qui en font
frappez un fi grand dégouft des
chofes du falut, une infenfibilité
pour Dieu fi effroyable, une fi profonde pareffe pour la devotion;
qu'il femble qu'il ne refte dans l'efprit aucun rayon de Foy : tant les
fentimens de la pieté y font éteints,
par la vanité, le luxe, le fafte, la
delicateffe, l'oifiveté, où l'on vit à

preſent. Car ce ſont les plus dange-
reux ennemis de la Foy que les plaiſirs, les honneurs, les richeſſes, & tous
ceux qui en ſont amateurs. C'eſt
ce monde enfin qui ne connoiſt pas
meſme Dieu, comme JESUS-
CHRIST le diſoit à ſon Pere.
*Vous qui eſtes ſi juſte, mon pere,
le monde ne vous connoiſt pas.* Ce
monde qui ſe glorifie d'eſtre Chré-
ſtien, ſans avoir aucune apparence
de Chriſtianiſme : & s'il a de la
Foy, ce n'eſt qu'une Foy mondaine, qui s'accommode au temps où
l'on vit, aux perſonnes qu'on connoiſt, aux manieres qu'on trouve,
aux affaires qu'on a, aux intrigues
qu'on veut avoir. C'eſt une Foy
qui ne peut reſiſter aux conſidera-
tions de la faveur, de la reputa-
tion, du credit, c'eſt un grand à
qui l'on veut plaire, un ami qu'on
veut ſervir, une paſſion qu'on veut
contenter : toutes raiſons qu'on prefere aux raiſons de la Religion, quand
on eſt poſſedé de cét eſprit du monde. La Foy qui faiſoit tant de mi-

G iij

Pater juſte,
mundus te
non cogno-
vit.
Ioan. cap. 17.

Hæc est victoria quæ vincit mundum fides nostra.
1. Epist. Ioan. cap. 5.

racles dans les premiers siécles, qui a si souvent triomphé du monde, & de tout ce que le monde a d'agreable & d'éclatant, ne peut resister à toutes ces considerations, dés qu'elle s'est affoiblie par l'amour du siécle.

Et ce n'est point du monde scelerat, perfide, impie, dont je parle : c'est du monde honnette, raisonnable qui fait profession de probité & de vertu. Car comment y vit-on ? Avec quelle ardeur pour les choses de la terre, avec quelle indifference pour celle du Ciel ? Comment les personnes qui y sont les plus reglées, y frequentent-elles les Sacremens ? Comment écoutent-elles la parole de Dieu ? Avec quel faste approchent-elles de ces Mystéres, que les Saints Peres appellent redoutables, qui font trembler les justes ? Avec quel attirail de vanité abordent-elles les Autels ? Y a-t-il le moindre vestige de modestie, de pudeur, & d'humilité Chrestienne dans toute leur

personne ? Paroift-il quelque ombre de pieté dans leur air, y voit-on
quelque trace de cét efprit marqué
dans l'Evangile ? Ont-elles enfin
quelque étincelle de Religion ? Ces
viciffitudes d'égarement & de re-
tour à Dieu, de defordre & de devotion, avec lefquels elles frequen-
tent les Sacremens; ces intervalles
du crime pour le jour auquel elles
communient ; ces Confeffions fans
répentir, ces répentirs fans amen-
dement, ces converfions fans changement de vie , ces defirs imparfaits & languiffans qui ne vont à
rien d'effectif , ne font que les effets de cette Foy mondaine, laquelle
a commencé à détruire la Religion
dans les premiers fiécles, & à la
menacer de fa ruine dans les derniers. Car le moyen que ce monde
fuperbe , corrompu, interellé , falle
une profeffion fincere d'une Religion humble, pure, charitable , comme eft la noftre.

Eft-ce croire en Dieu que d'eftre
fi prodigieufement attaché au mon-

G iiij

de : aprés ce qu'a dit l'Apostre, *que l'amitié du monde est une inimi-tié avec Dieu, & que celuy qui veut estre ami de l'un devient ennemi de l'autre ?* Est-ce estre Chrestien que de ne chercher qu'à satisfaire son ambition, à contenter sa vanité, à suivre ses desirs, à mener une vie molle dans le luxe & dans l'oisiveté, à adorer Jesus-Christ le matin, & vivre en Payen le reste de la journée ? Car c'est ainsi qu'on vit dans le monde. Je ne dis rien de cette fausse prudence de la chair attachée à son sens, qui ne consultant que soy-mesme, s'efforce de s'élever au dessus de la raison, & qui tombe dans toutes les foiblesses dont est capable la misere de l'homme. Je ne parle point de cét esprit de mensonge, qui est l'esprit du monde, & qui empesche que le monde ne soit capable, dit S. Jean, de recevoir l'Esprit de Dieu, qui est l'esprit de verité. Je ne dis rien de cét excés de l'amour de soy-mesme, dont naist la negligence

aux choses du salut, & l'indifference
pour la Religion : afin de dire quelque chose d'un plus grand desordre, & qui regne davantage en ce
siécle ; qui est une Foy lâche, timide,
politique, laquelle pour soûtenir un
interest secret, souvent peu conside-
rable, abandonne les interests de la
verité & de la justice. C'est par
une timidité si circonspecte, que
pour accommoder sa creance à son
ambition on ne veut se broüiller avec
personne, on se ménage avec tout
le monde, on cherche en toutes
choses des temperamens ; qu'on aime mieux taire la verité, que de
se commettre, & s'attirer des affaires ; qu'on ne veut point se decla-
rer, pour ne pas se faire d'ennemis ; & qu'on traitte les affaires
de Dieu, avec plus de froideur, &
plus d'indifference, que toutes les
autres affaires. Ce n'est en toutes
choses qu'une complaisance lâche,
qu'une prudence charnelle contraire à la simplicité Chrestienne. Cela s'appelle-t-il de la Foy, de cette

G v

Foy qui seule peut vaincre le monde : Car *qui est celuy*, dit S. Jean, *qui triomphe du monde, sinon celuy qui croit* : de cette Foy vraye & sincere, qui par une hardiesse sainte qu'elle inspire à l'ame, la rend forte & courageuse, pour renoncer à tous les autres interests, afin de soûtenir l'interest de Dieu, & qui luy fait fermer les yeux à toutes les considerations de la terre, pour ne les ouvrir qu'à celles du Ciel? La Foy de S. Paul, tout enchaisné qu'il estoit, surmontoit toutes choses : & tout triomphe de nostre Foy, qui est en pleine liberté, parce qu'elle n'est pas pure & desinteressée. Et c'est de là que naissent ces craintes, ces respects humains, ces ménagemens, ces pretextes, & toutes ces circonspections, qui refroidissent le zele de ceux lesquels sont obligez de défendre la justice & la Religion, par la qualité des postes où la Providence les a placez : ce n'est que timidité & que foiblesse en toutes choses.

Quis est qui vincit mūdū, nisi qui credit.
Ioan. Epist. 1. cap. 5.

Helas ! mon Dieu, que vos interests font negligez dans un siécle où la Foy est devenuë aussi politique que dans le nostre : & que la Religion est mal soutenuë, par ceux mesmes qui se glorifient d'en estre les colonnes, parce qu'ils sont possedez de cét esprit du monde.

Et que peut-on esperer d'une disposition si contraire à la Foy, où vivent aujourd'huy la pluspart des Chrestiens, qui sont engagez dans le monde, ce monde qui n'a pas la force de renoncer à son sens & à sa raison pour croire ; parce qu'il n'est que sensuel, & qu'il a en horreur la soûmission ; & parce qu'enfin ce monde passionné pour la fausse gloire ne cherche qu'a plaire aux hommes, sans se soucier de plaire à Dieu ? Ce qui fait dire à nostre Seigneur, *je ne prie point pour le monde*. Et ce monde destitué du secours de la protection de ce divin Sauveur, tombe dans la deffiance, dans l'incredulité, & dans la privation de la Foy : en

Quod solet videre credit quod non solet, non credit.
Aug. Serm. 147. de tempore.

Abierunt post vanitatem & vanifacti sunt.
Ierem. c. 2.

G vj

quoy la Prophetie de S. Paul se trouve accomplie. *Sçachez*, dit-il à un de ses Disciples, *que dans les derniers siécles, il y aura des temps fascheux. Car il se trouvera des hommes amoureux d'eux-mesmes, interessez, superbes, médisans, dénaturez, sans Foy, sans parole, calomniateurs, intemperans, sans affection pour les gens de bien, peu sinceres, voluptueux, qui auront une apparence de pieté, mais qui en détruiront l'esprit.* N'est-ce pas là la peinture des Chrestiens de ce siécle, qui n'ont de la Religion, que pour la bienseance ; & un exterieur de probité, sans en avoir le fonds & l'interieur ?

Ce n'est donc pas merveille si dans un estat si languissant, où se trouve la Foy des derniers siécles, ces grandes maximes sur lesquelles est établie nostre Religion ne font plus d'impression sur nos esprits : si le monde dont triomphoit la Foy des premiers Fidéles, triomphe de la nostre, par l'éclat trom-

peur & par les vaines illusions dont
cette figure qui le compose est environnée. Mais quand le jour sera
venu, & que nous nous réveille-
rons, nous verrons quelle est nostre
pauvreté. Car nous ne la recon-
noistrons bien, que quand nous serons reveillez du profond sommeil,
où nous a plongez cét amour du
siécle, qui a commencé à éteindre
dans nous les lumieres les plus pures de la Foy.

Il y a encore mille autres défauts imperceptibles, qui se glissent
tous les jours dans l'exercice de la
Foy de la maniere dont on croit
aujourd'huy, & que chacun peut
ressentir en y faisant reflexion : comme par exemple, croire tout ce qui
se dit sur la Religion, sans discer-
nement, & ne croire rien ; se satisfaire de tout, & ne se satisfaire
de rien ; croire par accoutumance,
mais sans sentiment aucun de ce
qu'on croit. Je pourrois adjoûter
l'estat miserable de ceux qui croyent
sans esperer, de ceux qui esperent

Acceperant
fidem, fed nõ
fecuti fuerãt
dilectionem.
*de vocat.
Gent. lib. 2.*

fans croire : car la deffiance & la confiance trop grande des uns & des autres eft également oppofée à la pureté de la Foy. Il y a une Foy fans charité, fans principes, fans action, qui n'eft qu'une Foy de ceremonie : il y en a une qui ne fonde fon merite, que fur la juftice des œuvres : il y en a une autre qui ne fe rend qu'aux miracles, & qui n'a de foûmiffion que pour les chofes extraordinaires. Et c'eft de la maniere dont nous vivons, que la Foy de ces derniers fiécles fe trouve affoiblie par tous ces défauts, qui en ont tellement terni l'éclat. C'eft cette corruption fi generale, ce relàchement de mœurs fi univerfel, ce nombre prodigieux de foibles & d'infirmes dans l'exercice de la pieté, cette multitude de pecheurs & de pechez, dont nous fommes environnez de tous coftez, ce déreglement fi épouventable du fiécle, qui doit nous faire trembler dans les funeftes conjonctures, où fe trouve aujourd'huy la Religion;

parce que c'est une espece de dif-
position à une revolution prochaine dont la Foy est menacée. Car
on ne peut pas faire reflexion aux
malheurs, que ce refroidissement
de la Foy a désja causez au monde, & dans quel excés de desordres elle a jetté tant de Chrestiens,
sans en estre épouvanté. Cette heu-
re funeste dont parle l'Evangile,
où Dieu retire toutes ses graces
pour abandonner ceux qu'il veut
punir à la puissance des tenebres,
s'approche peut-estre encore plus
que nous ne pensons. Ce torrent
de l'iniquité dont S. Augustin fait
mention dans ses Confessions, qui
est sujet à ses débordemens est peut-
estre déja grossi de nos crimes, pour
nous menacer d'une derniere inon-
dation. Et la colere de Dieu, qui
a ses momens pour éclater, quand
sa patience s'est lassée par le mépris qu'on fait de ses misericordes,
doit jetter la frayeur dans le cœur
de ceux qui sont encore gens de
bien, pour les obliger à interposer

Hæc est hora
& potestas
tenebrarum.
Luc. cap. 22.

Aug. Confess.
lib. 9. c. 8.

le credit de leur vertu, afin de détourner un si grand malheur; à tâcher de flechir par la sainteté de leur vie & par la pureté de leur Foy l'indignation de Dieu, que nous avons irrité par l'excés de nos desordres; & enfin à chercher un remede à ce relachement si universel, qui s'est glissé non seulement dans les mœurs des Fideles, mais encore dans leur Foy, qui s'affoiblit tous les jours, par l'affoiblissement de leur charité.

CHAPITRE XI.

Quel est le remede à un si grand malheur.

SANS ces vicissitudes de graces, & sans ces revolutions de la Foy, que Dieu permet dans le monde, les Chrestiens seroient dans une paresse & dans un assoupissement encore plus funeste pour eux, que tous les autres châtimens dont se sert sa justice dans les ju-

gemens qu'il exerce fur les hommes, donnant le cours tel qu'il luy
p'aift, comme dit S. Auguftin, au
débordement des mœurs & au torrent de l'injuftice, pour fervir à fes
deffeins éternels. Et il paroift en
cette conduite, qui nous femble
fi terrible, une abondance de mifericorde, & une profondeur de fageffe, que nous devons admirer en
l'adorant. Car ce n'eft que pour
nous rendre plus attentifs à nos
devoirs, & pour nous reveiller de
cét efprit d'affoupiffement, où nous
vivons, que Dieu nous conduit par
ces precipices. Car comme il tire
des ténébres de la Foy cette lumiere toute celefte qui remplit nos
cœurs de perfuafion, pour pratiquer le bien : c'eft de ce débordement fi general de nos défordres,
qu'il trouve le moyen d'exciter en
nous cét efprit de vigilance, qui
nous rappelle à l'obfervation de nos
plus étroites obligations ; l'uni
que remede qui nous refte dans
le malheur dont nous fommes me-

Tu Domine
rector celitú,
& terrenorú
ad ufus tuos
contorquens
profunda tor-
rentis & flu-
xum fæculo-
rumturbulen-
tum.
*Lib. 9. Confeff.
cap. 2.*

nacez par licence du siécle. Et c'eſt le peu de seureté qu'il y a dans ces viciſſitudes de la Grace, qui doit nous rendre plus vigilans Reveillons-nous donc de ce ſommeil fatal, qui ſeroit capable d'éteindre en nous ce qui y reſte de vie; pour travailler de concert au rétabliſſement de la Foy, qui s'eſt tellement affoiblie : & tâchons à faire revivre dans ces dernier, temps cette ferveur, qui floriſſoit parmi les Fidéles, dans les premiers ſiécles. Efforçons - nous unanimement de rappeller ces temps heureux, par une conduite plus reglée, & de reſſuſciter pour ainſi dire ce premier eſprit de l'Egliſe naiſſante, par un renouvellement de noſtre Foy : & que cette Foy nous ſerve d'un éguillon continuel, pour nous exciter à veiller ſans ceſſe ſur nous. N'ayons point de deſſeins qu'elle n'anime, point d'affaires qu'elle ne regle, point d'eſperances ni de craintes qu'elle ne fonde : ſi nous voulons agir en Chreſtiens. Qu'elle se mesle dans toutes les conditions, & dans toutes les fortunes, pour y faire éclater sa conduite, & pour y répandre ses lumieres. Si vous estes Prince, ou sujet, Ecclesiastique, ou Cavalier, homme public ou particulier, Seculier, ou Religieux, dans le commerce, hors du commerce, grand, petit, riche, pauvre, soyez-le toûjours en Chrestien : qu'il paroisse dans tous les estats de vostre vie, que vous croyez en Dieu. Que la Foy regne dans vous, qu'elle soit vostre guide en tout ce que vous faites : & vivez d'une maniere si pure, & si reglée, qu'on voye que Dieu est le maistre dans vostre cœur, par une soûmission parfaite à ses ordres, où la Foy vous a assujetis ; & qu'enfin ce n'est pas à des ingrats, qu'il a fait une grace si signalée que de les appeller à la connoissance de ses adorables veritez.

Mais comme Dieu fait encore tous les jours, ce qu'il fit autrefois au temps du Prophete Elie ;

qu'il se reserve dans chaque siécle, & dans chaque contrée de la terre un nombre de Fidéles, qui n'ont point flechy le genoüil devant l'Idole, pour servir de regle & de modele aux autres Peuples : peut-estre sommes-nous de ce nombre choisi, qu'il s'est reservé, pour donner exemple à toute la terre de la maniere, dont-il faut l'honorer, si nous tâchons à nous rendre dignes d'une si grande faveur. Peut-estre mesme a-t-il voulu conserver encore dans l'impureté des mœurs où nous vivons, quelque étincelle de cette pureté de Foy qui a éclaté dans la naissance de la Religion : soit qu'il veuille faire connoistre à ceux qui s'égarent que la vraye Eglise est celle, où l'on voit ces traits de Foy vive & sincere ; soit qu'il veuille retenir par les rayons d'une si pure lumiere, ceux qui marchent dans ses voyes. Car nous avons veû de nos jours des exemples de ces vertus solides, que l'Eglise a canonisées dans les pre-

Segregavi vos ab omnibus gentibus esse mihi. Levit. cap. 19.

Reliqui mihi septé millia virorum, qui non curva venient genua ante Baal. Rom. cap. 11.

miers Chrestiens. Nous avons connu dans les armées des Cavaliers
plus fideles à faire Oraison, & plus
reglez dans tous les exercices de
devotion au milieu d'un Camp,
que le Solitaire le plus reclus dans
son desert. Nous avons veû des
Magistrats renoncer à la faveur &
à leur fortune pour faire justice ;
des Dames quitter la Cour, & tout
ce qu'elle a de grand & de voluptueux, pour embrasser une vie
austere & penitente. Tout le monde sçait la Foy de ce Chevalier de
Malthe François, qui refusa ces
dernieres années toutes les grandeurs & toutes les recompenses
que luy offrit le Grand Seigneur
pour luy faire prendre le Turban;
& avec quelle vertu il donna sa
vie, pour la défense de sa Religion. Ne voit-on pas encore tous
les jours des femmes du monde fideles à leurs devoirs ; des Juges
incorruptibles ; des gens dans le
commerce, d'une probité inviolable ; des personnes d'une fortune

mediocre, se dépoüiller de tout, pour sacrifier le peu de bien qu'ils ont, aux œuvres de charité ; des pecheurs touchez de Dieu, engagez dans toutes les humiliations de la penitence, en repassant leur vie dans l'amertume de leur cœur ? Combien de vertus cachées dans la pratique & dans l'obscurité d'une Foy humble, mais soûtenuë & animée de l'exercice continuel des bonnes œuvres ? Combien enfin trouvons nous aujourd'huy d'exemples d'une creance simple, dans l'incredulité où l'on vit, d'une Foy pure dans la corruption du siécle, d'une Foy fidele dans l'infidelité de la plufpart des hommes, d'une Foy exacte & rigide dans le relâchement universel de toutes choses ? Nous ne laissons pas mesme de voir encore dans ce declin des derniers temps, des miracles de cette vertu, dont Dieu prend plaisir de faire éclater de certains traits pour r'animer la langueur d'un Christianisme presque éteint. C'est-à-dire,

une Foy qui fait encore sentir à
des gens de qualité ce qu'il y a de su-
perflu dans leur bien, pour en faire part aux Pauvres, pendant que
tant d'autres qui sont dans l'abondance n'en connoissent point. Une
Foy qui fait aimer à tant d'ames
choisies ce qu'il y a de haissable
dans le mépris & dans l'abjection,
pour leur faire haïr ce qu'il y a
d'aimable dans la prosperité & dans
l'élevation. Une Foy charitable
toûjours preste à faire du bien à
tout le monde : qui ne trouve point
de froideur, quelle ne dissipe, point
de dureté qu'elle n'amollisse, point
d'inimitié qu'elle n'appaise, point
de haine qu'elle ne flechisse : car
elle peut tout dans un cœur humble & soûmis.

Mais il est à craindre que ce
nombre choisi de Fidèles que Dieu
a mis à couvert de la malignité du
siécle, ne soit pour ainsi dire, étouf-
fé par la multitude de ceux qui
ne le sont pas. Et le déreglement
des mœurs, l'obscurcissement de la

verité, le libertinage, la corruption
est si generale, l'inclination au mal
est si violente : que si les gens de
bien ne conspirent par une union
d'esprit, & de sentimens dans l'e-
xercice de la vertu, pour resister
au torrent, le relâchement prevau-
dra ; & la Foy déja affoiblie dans
les particuliers achevera de s'affoiblir, & peut-estre mesme de s'é-
teindre dans le Public. Que ceux
donc qui ne croyent pas, ou qui
ont de la peine à croire, s'unissent
de cœur à ceux qui croyent. Car
de mesme que des flambeaux
esteints, ou prests à s'eteindre reü-
nis à des flambeaux allumez, se
rallument les uns les autres, &
font mesme un plus grand feu :
de mesme aussi ceux qui sont foibles & infirmes dans la Foy, non
seulement cesseront de l'estre,
quand ils se joindront aux forts &
robustes ; mais ils s'échaufferont,
& ils s'éclaireront mutuellement.
Que ceux qui ne sont pas persuadez
s'attachent à ceux qui le sont ; que
ceux

ceux qui doutent s'uniſſent à ceux qui ne douꞇent pas:& il arrivera que les uns marchans dans un meſme chemin avec les autres, ils parviendront au meſme terme, s'aidant reciproquement de leur ſoûmiſſion & de leurs lumieres. Car c'eſt le ſeul moyen de prevenir ces terribles deſſeins de la colere de Dieu ſur les hommes: en oſtant le flambeau de la Foy aux uns, pour en éclairer les autres.

Et ne dites point que vous voudriez bien croire, mais que vous ne pouvez. Car vous le pouvez, ſi vous le voulez, comme il faut. Demandez, cherchez, frappez à la porte avec perſeverance, ſollicitez cette grace: celuy qui la fait, ne pourra pas vous reſiſter, ſa parole y eſt expreſſe. Soyez ſemblable à ce ſerviteur de l'Evangile, qui a toûjours la lampe allumée à la main pour ſe tenir preſt au moment que ſon maiſtre vindra: imitez ce Payen craignant Dieu, qui meriꞇa la Foy par les aumônes & par les bonnes

Videte opera Dei terribilia ſuper filios hominum.
Pſal. 65.

Vir erat in Ceſarea nomine Cornelius religioſus ac timens Deum faciens Eleemoſynas plebi & deprecans Deum ſemper.
Act. cap. 10.

œuvres, dont l'histoire est décrite au Chapitre dixiéme des Actes des Apostres. Si tout est dans le silence pour vous, si ni le Createur ni les creatures ne vous disent rien, de ce que vous avez à croire : écoutez au moins cette Loy, dit S. Augustin, que vous avez écrite au fonds de l'ame, & que la malice de l'homme ne peut effacer. C'est cette impression naturelle d'équité, & de droiture, qui vous dira la premiere ce que vous avez à faire, si vous estes assez fidele pour l'écouter. Et si vous avez encore quelque éteincelle de cette Foy, que vous avez receuë au Baptesme, que vous n'ayez pas cultivée par l'exercice de la pieté, & par les devoirs d'une vie Chrestienne, & que vous ayez comme tant d'autres de la peine à croire des choses qui vous paroissent inconcevables : commencez par devenir humble, & vous deviendrez docile. Vous avez de la peine à croire, disoit le fils de Dieu aux Juifs, parce que vous estes

Lex tua Domine scripta in cordibus hominum, quam ne ipsa quidem delet iniquitas. Confess. liv. 2. cap. 4.

Gentes quæ legem non habent, naturaliter ea quæ legis sunt faciunt, & ipsæ sibi lex sunt. Rom. cap. 3.

Quomodo potestis credere, qui gloriam ab invicem accipitis? Joan. cap. 5.

vains & superbes : cessez de l'estre & vous croirez. Approchez de Dieu avec crainte & tremblement, comme cette femme malade de l'Evangile approcha de JESUS-CHRIST, & surmonta sa resistance par sa confiance & par son humilité. Ecoutez sa voix dans la voix de l'Eglise, qui nous parle par les Conciles, par la tradition, & par la bouche des Pasteurs qu'elle nous donne. Car comme c'est en vain qu'on honore le Pere, si l'on n'honore le Fils, dit S. Jean : c'est en vain qu'on croit en JESUS-CHRIST, si l'on ne croist en son Eglise, cette Eglise, que l'Apostre appelle, *la colonne de la verité.* Abaissez vous devant celuy qui releve les humbles, & humilie les superbes : ne faites tort à personne, soyez équitable à tout le monde. Retranchez le luxe de vostre domestique, pour commencer à vous dépouiller de cette dureté naturelle, que vous avez pour le pauvre : soyez charitable à vostre prochain, ou en fortifiant le foible,

Mulier timens & tremens venit, & procidit ante eum.
Marc. cap. 5.

Qui non honorificat filium non honorificat patrem, qui misit illum.
Ioan. cap. 5

Ecclesia Dei colomna & firmamentū veritatis.
Paul. 1 Timot. cap. 3.

Frange esurienti panem tuum, egenos & vagos induc in domū tuam, cum viderit nudum operi eum: tunc erumpet sicut mane lumen tuum. *Isai. cap. 58.* Cum effuderis esurienti animam tuam & animam afflictam repleveris, orietur in tenebris lux tua, & tenebræ tuæ erunt sicut meridies. *Ibid.*

ou en secourant le miserable, ou en traitant bien celuy qui vous traite mal. Car *si vous faites part de vostre pain a celuy qui n'en a pas, si vous revestez le nud, si vous assistez le miserable avec épanchement de cœur, & si vous consolez l'affligé, la lumiere brillera parmi vos ténébres, & vos ténébres deviendront comme le plein jour:* & alors vostre Foy éclatera comme l'aurore: c'est ainsi que l'asseure le Prophete Isaïe. Car ce n'est que par l'exercice de la vertu & par les bonnes œuvres qu'on acquiert la Foy, quand on ne l'a pas. Soyez Chrestien dans la conduite universelle de vostre vie: dõnez l'aumône en Chrestien, si vous estes riche, souffrez l'indigence en Chrestien, si vous estes pauvre: rendez la justice en Chrestien, si vous estes juge, portez les armes, & faites la guerre en Chrestien, si vous estes soldat. Souffrez l'injure en Chrestien, si l'on vous offense: recevez en Chrestien l'honneur qu'on vous fait, si l'on vous honore:

qu'il paroisse dans toutes nos actions un air de religion & de Christianisme : & vous n'aurez plus de peine à croire. Alors on verra cette Foy ferme, solide, soûtenuë de principes, regner dans le detail universel de vostre vie & dans tous vos devoirs de Religion. Car l'esprit devient éclairé, à mesure que le cœur se purifie : c'est la recompense de la bonne vie, que l'intelligence des choses qu'on est obligé de sçavoir, pour bien vivre. On ne parvient à l'intelligence que par une grande pureté de mœurs, & à une grande pureté de mœurs, que par une grande soûmission d'esprit : & c'est une partie de cette divine sagesse de la Foy, de commencer à en connoistre le prix, & à la desirer, pour la suivre.

Fide purificans corda eorum Act. cap. 15.

Fides minder te, et intellectus impleat te. Aug. tract. in Ioan.

Et si nous sommes assez malheureux que de ne pas faire fructifier en nous ce don divin, par nos bonnes œuvres : comme font aujourd'huy la pluspart des Chrestiens qui font le bien ou par coûtume, ou par vanité, ou par hazard, sans aucun bon motif : si nous enterrons ce talent si precieux : si nous ne renonçons à nous mesmes , sans nous arrester aux foibles raisonnemens de l'esprit humain , ni aux presomtueuses pensées de la chair si sujete à l'égarement , afin de suivre ce flambeau celeste, qui seul peut nous mettre dans la voye de la verité : si la Foy n'est elle mesme nostre guide, & que nous nous rendions indignes de ses lumieres : Dieu se vangera du mépris que nous ferons de sa Grace , & il nous punira comme ce serviteur timide & paresseux qui enveloppa son talent, & le rendit inutile : il nous jettera dans ces tenébres exterieures dont parle l'Evangile, c'est-à-dire, dans l'erreur & l'égarement : ou bien il nous traittera comme ce Peuple reprouvé dont parle S. Matthieu : Il nous ostera la Foy , qu'il appelle un Royaume, parce que c'est par elle qu'il regne dans nos cœurs, pour la donner à un autre Peuple plus pro-

A biens fodit in terram, & abscondit pecuniam Domini sui. Matth. 1. 25.

Inutilem servum ejicite in tenebras exteriores. ibid.

Dignus erat perdere inutilem fidem , qui non exercuerat charitatem. de vocat. Gent. lib. 2.

Auferetur à vobis regnum Dei & dabitur genti facienti fructus. Mat. cap. 21.

pre à la faire fructifier par une plus grande fidelité à ses graces. Et dés qu'il aura pris un dessein si formidable, en nous abandonnant à nous-mesmes & à nostre ignorance: ce qui ne nous conduira plus dans ses voyes, nous en détournera : ce qui ne dissipera plus nos tenébres, les augmentera : ce qui ne nous menera plus au terme où nous aspirons, nous egarera. Les creatures qui ne nous parloient que du Createur, ne nous parleront plus que d'elles-mesmes : & quand toute la nature se taira pour ne plus nous annoncer un Dieu, les Cieux dit le Prophete annonceront par leur harmonie & par leur silence mesme sa justice à un Peuple qui naistra un jour aprés nous, pour le connoistre, & pour le loüer, en nostre place. Craignons ces foudroyantes paroles de la colere de Dieu adressées aux Juifs: quand lassé de leur ingratitude, il leur dit en les abandonnant. *Ie m'en vas, vous me chercherez, & vous ne me trouverez pas.* Mar-

H iiij

Annunciabūt cæli justitiā ejus populo qui nascetur. *Psal.* 21.
Væ eis cum recessero ab eis. *Ose. cap. 9.*

Ego vado & quæretis me & quo ego vado non potestis venire. *Ioan. cap. 8.*

Dum lucem
habetis, cre-
dite in lucem,
ut filij lucis
sitis.
Ioan. cap. 12.

chons donc pendant que nous avons encore un reste de lumiere qui nous éclaire: avant que la nuit & les tenebres de l'infidelité ne nous surprennent par la perte de la Foy: que le relâchement des derniers siecles ne nous entraîne pas dans ce torrent malheureux qui entraîne le monde: & que ce qui doit nous exciter à la vigilance, ne soit pas un motif de negligence & de paresse, pour nous: car la paresse est le plus grand de tous obstacles à la Foy, parce qu'elle la combat toûjours.

CHAPITRE XII.

La conclusion de ce discours.

CESSONS donc de lasser la patience de Dieu, par les langueurs & par les foiblesses d'une Foy presque éteinte. Prosternonsnous sans cesse au pied des Autels, pour flechir sa misericorde: afin qu'il détourne de nous le malheur dont nous sommes menacez de la

perdre. Ne laiſſons pas que d'adorer avec un profond reſpect l'équité
ſecrete de ſes jugemens, dans la punition qu'il a tirée déja de tant de
Chreſtiens qui l'ont perduë. Mais
en adorant une conduite ſi terrible,
que la frayeur de ſa Juſtice nous
faſſe trembler dans la veuë de la
corruption, du libertinage, & du
déreglement univerſel, où vivent
aujourd'huy la pluſpart des Chreſtiens, qui ſemblent déja n'avoir
que trop irrité ſa colere. Gemiſſons
dans le ſecret de nos cœurs, pour
l'appaiſer de ce que ces dernieres
guerres & toutes ces calamitez pu-
bliques, qu'il ne nous a envoyées que
pour amolir nos cœurs, les ont encore davantage endurcis : de peur
qu'aprés avoir appeſanti ſa main ſur
nous par tant de fleaux dont nous
n'avons pas profité en nous corri-
geant de nos pechez, il ne s'abandonne à ſon indignation pour nous
punir du plus redoutable de tous
les châtimens, qui eſt la privation de la Foy, par les funeſtes

Flagella Do-
mini quibus
corripimur,„
quæ patimur,„
ad emédatio-
né noſtram,„
non ad perdi-
tioné eveniſſe
ſciamus.
Iudit. cap. 8.

difpofitions, & par les triftes pre-
fages que nous y voyons.de tous
coftez. Car le monde a-t-il jamais
efté plus corrompu qu'il eft, & la
Religion plus profanée ? Ne femble-
t-il pas que ce ne foit plus quel'ombre de la Religion qui foit en ufage
dans ce fiécle : où la difficulté qu'on
a de croire ne vient que de la difficulté, qu'on a de vivre confor-
mément à fa creance ? L'enchantement qu'on trouve dans les plai-
firs de la vie, ne fait-il par fermer les yeux à la plufpart des Chreftiens dans la confideration de l'a-
venir, pour fe fatisfaire plus tran-
quillement de la jouïffance du pre-
fent : & l'endurciffement où ils
vivent, joint à l'infenfibilité qu'ils
reffentent pour les chofes de
Dieu, ne doit-il pas paffer pour
la plus grande & la plus profonde
playe dont la juftice de Dieu puiffe
punir les hommes ?

Ce fût auffi le plus épouventable châtiment dont il punit les
Juifs, aprés avoir vainement mis

en usage tous les autres. Ce qui fit dire au Prophete : Ce Peuple a abusé de vous & de vos bontez, ô mon Dieu ! parce qu'il a fermé les yeux à vos lumieres : ainsi punissez son mépris de tout ce que vostre Justice a de plus rigoureux : *aveuglez le, fermez luy les yeux, qu'il n'entende & qu'il ne comprenne pas assez pour se convertir.* Mais ne nous punissez pas d'une si étrange maniere. Il est vray qu'il n'y a rien que nous ne meritions, estant encore plus coupables que ce Peuple que vous avez reprouvé. Car bien loin de faire profiter dans nous la Foy, que vous nous aviez donnée : nous l'avons renduë vaine & inutile par un assoupissement profond, où nous a plongez la molesse de nos mœurs. Le desordre où nous vivons a merité tout le poids de vostre colere : & nos pechez sont montez à un excés qu'il n'y a point de châtiment dont nous ne nous soyons rendus dignes. Ainsi punissez-nous comme vous

H vj

Excæca cor populi huius & oculos ejus claude, ne forte videat, & intelligat, & convertatur. *Isa. cap. 6.*

avez fait depuis si long-temps, ou par le renversement de nos fortunes, ou par la desolation de nos Provinces, ou par l'horreur des poisons & des autres crimes dont nostre siecle a esté si fort infecté, ou enfin par tout ce que vostre Justice a de plus affreux. Faites fondre sur nos testes tous les fleaux de vostre vengeance la plus severe : pourveu que ce soient des châtimens qui puissent servir plûtost à nous rapeller à vous, qu'à nous en éloigner ; que ce soient des peines qui nous guerissent, & non pas des afflictions steriles qui nous perdent ; & que nous reconnoissions encore des traits de vostre misericorde, parmi les traits les plus terribles de vostre Justice : comme cette captivité que vous envoyastes aux Juifs pour les r'apeller à leur devoir, ainsi que dit le Prophete.

Il est vray que nous vivons dans le Christianisme d'une maniere si Payenne, que nous meriterions la mesme punition, que tant de Peuples à quiDieu a oſté la Foy, qui peut-eſtre ne s'en eſtoient pas rendus ſi indignes que nous. Conſiderons au moins ces débordemens d'opinions neuvelles, dont nous avons veu l'Egliſe preſque inondée dans ces derniers ſiécles, comme un avertiſſement du meſme malheur, qui nous peut arriver. Profitons-en ſi c'eſt pour noſtre inſtruction : & ſi c'eſt pour la punition de ceux qui ne vivent pas bien parmi nous, diſons leur ce que les Nautonniers diſoient à Jonas, quand la tempéte qui ménaçoit le vaiſſeau commença à les preſſer : *Pourquoy eſtes-vous dans l'aſſoupiſſement ? invoquez voſtre Dieu, qui peut-eſtre aura pitié de nous.* Commençons par nous réveiller nous-meſmes : renonçons à nos vieilles habitudes au péché, & reprenons nos anciennes ferveurs : reveſtons-nous de ces armes de lumiére dont parle l'Apoſtre, parce que la nuit eſt déja avancée, & que le jour eſt proche, ce redoutable jour du Jugement du Seigneur. Quit-

Quid tu ſopore deprimeris, ſurge, invoca Deum tuum, ſi forte cogitet de nobis & non pereamus. *Ion. c. 1.*

tons les songes & les phantômes de
cette vie, qui n'est pleine que d'illusions, pour nous attacher à la verité,
si nous avons encore de la Foy. Détachons-nous des affections de la
terre, puis que cette mesme Foy
nous promet le Ciel. Renonçons au
monde & à tous les vains attache-
mens de la vanité du siecle : ou vi-
vons-y comme des voyageurs bannis
de leur patrie. Déplorons la durée
trop ennuyeuse de nostre exil : car
nous n'avons pas icy une demeure
stable & solide, mais nous en cherchons une dans le Ciel. Raprochons-
nous des Autels avec des ames pures.
Pleurons, gemissons, frapons à la
porte : ne cessons point jusques à ce
que nous ayons flechi la colere de
Dieu, qui est irrité contre nous. Di-
sons-luy, comme Abraham luy disoit
pour sauver ces villes criminelles
qu'il voulut punir par le feu : Seigneur, n'envelopez pas les innocens
parmi les coupables dans la punition
que vous méditez : pardonnez à
ceux qui ne vous sont pas fidéles, en

*Non habe-
mus hic ma-
nentem civi-
tatem, sed fu-
turam inqui-
rimus. Hab.
cap. 11.*

la confideration de ceux qui le font.
Faites grace aux pecheurs , en la
faifant aux Juftes : Laiffez-vous
fléchir , mon Dieu , à ceux qui
ne vous ont jamais offencé : n'en-
velopez-pas dans les tenebres ceux
qui n'ont point fermé les yeux à
vos lumieres. Souvenez vous de
ceux qui ont fouftenu l'obfcurité de
la Foy , & de vos Myftéres , le filen-
ce des creatures fur la Religion , la
contradiction des hommes , & toutes les difficultez qu'il y a à croire ,
fans jamais rien fentir de voftre part
qui pût les encourager , & qui n'ont
jamais héfité parmi tant d'oppofi-
tions pour vous eftre fidéles. Oüi
mon Dieu , que tant de vertu , tant
de priéres , tant d'aumones , tant
de bonnes œuvres qui fe font dans
tout le Royaume , par tant de gens
de bien , appaifent voftre colere , &
vous obligent à faire mifericorde à
ceux qui ne la meritent pas , au
nom de ceux qui la meritent : que
les petits fauvent les grands , que
les forts foutienent les foibles :

que la Foy du Peuple supplée au
manquement de la Foy des gens de
la Cour : & que les fideles redreſſent
par leur exemple ceux qui ne le ſont
pas. Prions ſur tout pour ceux qui
s'affoibliſſent dans l'exercice de la
Religion , & qui laiſſent ébranler
leur créance à l'eſprit du monde ,
dont on eſt aujourd'huy ſi poſſedé. Et
quelque exemple de cheute ou de
foibleſſe que nous remarquions dans
ceux avec qui nous vivons , demeu-
rons fermes au milieu de ces affoi-
bliſſemens ſcandaleux qui ſont comme autant de pieges aux infirmes :
voyons le dereglement des libertins
ſans nous y laiſſer aller ; & ſouτenons
meſme tout ce qui eſt capable de
nous ſcandaliſer dans leur conduite,
avec une patience invincible , ſans
nous affoiblir.

Car ne ſeroit-il pas étrange que
lors que Dieu ſe fait entendre à tant
d'infideles , par la ſeule voix des
creatures , qui racontent ſa gloire
d'un bout du monde à l'autre , nous
le mépriſions quand il s'explique à

nous par luy mesme, & par les lumieres de la Foy ? Regardons nostre sainte Foy comme un dépost sa-
cré & inviolable, auquel on ne doit
pas souffrir qu'on touche pour y
changer quoy que ce soit. Tenons
nous aux maximes & à la creance
que nous avons receuë de nos peres
comme à la pierre ferme sur laquelle
estans appuyez nous ne devons
craindre ni la violence des vents, ni
les debordemens des eaux menacez
par l'Evangile. Ne refusons pas à
l'autorité de Dieu, souveraine &
infaillible qu'elle est, ce que nous
demandons pour la nostre, qui n'est
que foible & fautive, de ceux avec
qui nous traittons, voulans qu'ils
nous croyent toûjours sur nostre parole. Disons à JESUS-CHRIST
ce que luy disoit ce Disciple dans
saint-Jean : Nous sçavons que vous *Scimus quia*
estes le vray Fils de Dieu, & que *à Deo venisti*
vous estes le seul maistre veritable *magister.*
qu'il a envoyé au monde pour l'in- *Ioan. cap. 3.*
struction des hommes. Nous som-
mes persuadez de vostre Divinité ;

& c'est pour cela que voftre doctrine , dont nous faifons profeffion ,
fera la regle de noftre creance : &
nous proteftons que nous ne voulons
point d'autre école que celle de l'E-
glife où Jesus-Christ eft le maiftre.
Car aprés tant de propheties, tant
de miracles , tant de Martyrs , &
tant de Confeffeurs qui ont rendu
témoignage à cette verité, pouvons
nous en douter ?

Soyons donc bien perfuadez de
l'excellence & du prix du don de la
Foy : que ceux qui ne font pas fidéles à ce don, meritent que Dieu les
puniffe par la privation de fes lumiéres, en fe retirant d'eux, & en leur
oftant une fi grande grace : tafchons
d'y répondre par une vigilance exacte, & par une vie irreprochable,
puifque par un moment de foûmiffion en s'aveuglant foy-mefme , on
acquiert une éternité de lumieres &
de connoiffance. Oüy mon Dieu,
je commenceray le premier à me
regler fur de fi grands principes :
je m'aneantiray devant vous pour

vous rendre gloire par l'anneantiſ-
ſement de mon eſprt : je ſoûmet-
tray ma ſageſſe & ma raiſon à voſtre ſouveraine raiſon & à voſtre
ſouveraine Sageſſe. Je vous ſacri-
fieray toutes les iniquietudes de
ma curioſité naturelle : je renon-
ceray à mes raiſonnemens : j'etouf-
feray meſme toutes les reflexions
de cette prudence humaine & charnelle, qui m'empeſche de m'abandonner à voſtre conduite : & puis
que je ſuis fidele, je veux l'eſtre
en toutes choſes : ma vie répondra
à ma creance, & faiſant profeſſion
de Chriſtianiſme, je ne veux plus
vivre que chreſtiennement. Mais
vivons tous de cette maniere : &
plus nous croirons, plus nous aurons
de ſatisfaction à croire : comme
S. Paul le promettoit aux Romains.
Le Dieu d'eſperance nous comble-
ra de paix & de joye dans noſtre
Foy : Afin que noſtre eſperance
croiſſe toûjours de plus en plus par
la vertu & par la puiſſance de
l'Eſprit ſaint.

Deus ſpei re-
pleat vos om-
ni gaudio &
pace in creden-
do, ut abun-
detis in ſpe
virtute ſpiri-
tus ſancti
Rom. cap. 15.

F I N.

imprimer ledit Livre, fous quelque pretexte que ce foit.

Regiftré fur le Livre de la Communauté des Imprimeurs & Libraires de Paris, le 12. jour de Iuin 1679.
Signé E. COUTEROT. Sindic.

PERMISSION DV R. P. Provincial.

JE fouffigné Provincial de la Compagnie de IESUS en la Province de France, permets au Pere René Rapin, de la mefme Compagnie, de faire imprimer un Livre qu'il a compofé, intitulé, *La Foy des derniers fiecles*, approuvé par trois Theologiens de noftre Compagnie. En foy de quoy j'ay figné la prefente permiffion. A Roüen le 13. May 1679. Signé, P. DE VERTAMON.